把上大说给你听（二）

主　编　陆　瑾
副主编　卢　欣　叶　亮

上海大学出版社
·上海·

图书在版编目(CIP)数据

把上大说给你听. 二 / 陆瑾主编；卢欣，叶亮副主编. —上海：上海大学出版社，2024.5
ISBN 978-7-5671-4977-9

Ⅰ.①把… Ⅱ.①陆… ②卢… ③叶… Ⅲ.①上海大学—校园文化—文集②上海大学—学生生活—文集 Ⅳ.①G645.5-53

中国国家版本馆 CIP 数据核字(2024)第 094982 号

责任编辑　盛国喾
封面设计　柯国富
技术编辑　金　鑫　钱宇坤

把上大说给你听(二)

陆　瑾　主编

卢　欣　叶　亮　副主编

上海大学出版社出版发行
(上海市上大路 99 号　邮政编码 200444)
(https://www.shupress.cn)　发行热线 021-66135112
出版人　戴骏豪

＊

南京展望文化发展有限公司排版
上海光扬印务有限公司印刷　各地新华书店经销
开本 710mm×1000mm　1/16　印张 16.5　字数 277 千字
2024 年 5 月第 1 版　2024 年 5 月第 1 次印刷
ISBN 978-7-5671-4977-9/G·3619　定价　78.00 元

版权所有　侵权必究
如发现本书有印装质量问题请与印刷厂质量科联系
联系电话：021-61230114

序一
Preface

2024年是纪念上海大学建校102周年、庆祝上海大学新合并组建30周年的重要年份，也是上海大学聚力、提质、攀登之年。站在学校发展新的历史阶段，为进一步凝聚推动学校事业发展的磅礴力量，彰显学校招生育人成效，我们再次启动"把上大说给你听"征文活动，以"新征程，再出发，共青春，擘未来"为主题，邀请广大师生校友用文字为媒，讲述上大故事，传递母校情缘。

招生是育人之始，生源是育人之基。上海大学立足高校人才培养的起点，坚持以招生育人为导向，创新招生宣传模式，拓展育人路径。近年来，我们以"我为上大代言"宣讲实践活动为平台，建立了将校园文化融入实践育人的长效机制，构建了师生校友"全员全程全方位"的招生宣传代言宣讲模式，打造"共宣共促共分享"的招生宣传体系。"我为上大代言"活动曾获得上海大学2022年校园文化建设品牌，充分发挥文化实践平台的育人作用，将"爱国荣校"的使命感、责任感和"自强不息，道济天下"的校训精神深植同学们的心中。

习近平总书记在党的二十大报告中强调："加快构建中国话语和中国叙事体系，讲好中国故事、传播好中国声音，展现可信、可爱、可敬的中国形象。"从本书撷取的72篇文稿来看，师生校友以真挚赤诚的笔触书写着自己的上大故事，展现出新时代昂扬向上的中国形象。"恰同学少年，风华正茂。"他们循着前辈的脚步，怀着高远的志向，在书本中探索真理，在实践中追寻热爱，在关爱中获得力量，在互助中传递真情，以奋斗之姿飞扬青春活力。书中有的不仅是同学们的青春风采,还有校友、老师们的守望传承。他们同新合并组建的上海大学一起成长,又以自身的厚度与广度,带动鼓舞一代代上大人努力拼搏。书中涌动着力量,散发着朝气,饱含着希望,每个故事、每句话语都是全员全程全方位讲好上大故事的生动展现,流露出广大师生的拳拳盛意,彰显着上海大学蓬勃向上的生命力与源源不断的前进动力。

年轻一代是奋力拼搏、振兴中华的一代,是实现第二个百年奋斗目标的重要力量。《把上大说给你听(二)》见证了一批心怀家国、矢志奋斗的上大青年从稚嫩走向成熟、由懵懂走向坚定的心路历程。他们兑现了初入校园时写下的蹈厉之志,勇攀知识高峰,服务国家需要,在广阔的青春舞台上展现着新一代上大学子的无限风采。相信该书的出版将延续同学们的青春力量,激励更多学子点亮理想之灯、不畏实干之苦、绽放奋斗之花,积极从上海大学这座红色学府出发,赓续红色基因,担当强国大任,书写人生华章,共同成就上大与祖国的美好未来!

编者
2024年5月

序二 Preface

倾听追梦者的声音

前些日,我有幸翻阅到《把上大讲给你听》第一辑,作品的主题内涵分"红色学府,百年传承""乡曲之情,履践致远""立德树人,润物无声"和"溯源青春,逐梦上大"等四板块,收集了三四十篇由上大优秀学子写的散文和随笔,它们或追溯上大红色传承,或倾诉离乡读书心情,或赞美青春岁月,或倾诉学习心得,或表达梦想追求……内容丰富多彩,琳琅满目,初初一读,心有所感,心有所动,产生了强烈的情感和思想的共鸣。

又听闻《把上大讲给你听(二)》即将集稿完成,上大师生写的作品发给我读,利用一周的时间,我品读了一遍。值得肯定的是,这些作品都是真实的学习生活体验,带着现身说法的意味,语言清新质朴,较为优美文雅,和校园风物的气质相匹配,也与青春生命的多血质自然融合。这些作品主题内涵丰富,和第一辑格调一样,不但有对上大的深情倾诉和对老师的感恩,也有对美丽校园的描绘以及对青春生活的叙事,还有对学校历史的追溯和对现实问题的思考,其中也包涵了年代一代学子对社会问题、成长就业、人生规划及学习生活的思考。当然,这些看似随意随性的文字深藏着上大学子的爱家、爱校、爱国之情,以及对友谊、爱情和家国情怀的表达。

《把上大讲给你听》的书名很好,很准确地体现了主编者的初衷,通过上大师生自己讲述和分享校园学习生活的切身经验,以亲历者的口吻说话,讲述和倾诉,无疑真实,也真切,更具有可行度和感染力。因此,他们把上大的故事讲出来,把在上大听过的故事、读过的故事和与上大有关的故事都讲出来,尤其把在上大读书的快乐和思考倾诉出来,把上大学子的梦想与追求表达出来,这无疑是非常有意义,也非常令人感同身受的。

上海大学是一所美丽的校园,也是一所现代气息的校园,是一座融合了红色文化、海派文化和江南文化的校园,不但有迷人的泮池,还有各种花草树木,春夏秋冬都妖娆多姿,无论走到校园哪个角落,都如诗如画,安静优雅,适合读书,适合写作,适合交友,适合研究,这是一个很容易沉淀思想、培养优雅气质的环境,也是一个很容易获取知识、培养素养的校园。

我觉得这本作品集中的作品非常好,有亲历的故事,有对历史和现实的沉思,有对青春情愫的倾诉,有对未来的设计、对梦想的追求,还有沉醉于书香的欢乐……这部作品集不仅仅传递的是部分上大学子的心声,也传递了上海的精神,传承了上大的精神。因此《把上大讲给你听(二)》是一部值得品读的书,也是能够吸引更多有爱、有智慧和有理想的青年学子同频共振的佳作。

最后想说的是,祝福上大学子,也欢迎更多优秀的学子来到上大,大家一起读书、写作,一起求知、进步,一起追梦,一起成长!

谭旭东

2024 年 4 月樱花盛开时节

目录 Contents

第一章 邂逅上大 / 1

清风如愿,明月皎皎　王璐 / 3

青春从这里启航
　　——我的上大故事　孙妍 / 6

蜡烛点亮在上大　张伟婧 / 10

与上大相遇的那些时光
　　——在上大遇见自己　赵炜清 / 13

我与上大的缘分　李郑晖 / 17

那一刻,她真的很美　巴乐巴拉·巴合提 / 20

上大学　陈研 / 23

始于盛夏,SHU 于上大　陈宇丹 / 26

我与上大的故事　陈祖淇 / 29

"预"见上大,奋斗绽放　古丽米热·买司地克 / 33

初升的骄阳照亮上大前方的路　佐米然·库尔班 / 36

苔花如米,开似牡丹　陆潇蓉 / 38

我在上大挺好的　王歆语 / 42

我听到花开的声音　王在希 / 47

滴水成海　吴骐宇 / 50

你好上大　徐瑞 / 53

人间朝暮,青春上大　詹文秀 / 57

一位大一新生的上大故事　张路遥 / 60

第二章　情满校园 / 63

百年树人，润物无声
　　——上大精神的继承与发扬　张德骏 / 65

跨越百年的红色传承　曹嘉尚 / 68

我把上大说给你听　蔡杨雨菲 / 71

缘分、责任、热爱
　　——我和上海大学本科招生宣传协会的故事　代玟 / 74

把上大说给你听　韩梦微 / 77

时代青年：扬帆起航，共赴新征程　何欣露 / 80

一步又一步　胡修远 / 83

明日海上又新生　李牧霖 / 86

我把青春献上大，上大就是我的家
　　——记为上海大学奋斗四十载的李伟老师　李伟　邓冰冰 / 91

忆往昔上大，看今朝你我　李子昂 / 95

迈向新里程，书写青春篇章　罗宏宇 / 99

心中的那片海　罗翼婕 / 103

我在上海大学的十年　宋艺 / 106

跨越时空的对话　王语彤 / 108

外联人，代言人，新闻人　徐珍怡 / 112

1922　姚思安 / 117

第三章　师友情深 / 121

上大的神仙老师　王晨宇 / 123

同窗共梦，少年同行　张梓涵 / 127

求学上大三载间，难忘师恩一百年　陈晓洋 / 131

寻找黑夜
　　——记一次竞赛的经历　陈天放 / 137

我与上大的故事　陈羽宁 / 141

开端　高荧 / 144

再次学习,再次成长　黄欢　施岳宏 / 147

以上大故事,浇灌走向乡村的实践之花　黄圣婕 / 150

我的上大故事　靳安琪 / 153

一场浪漫的日久生情　李若桐 / 156

记我的几位老师　钮明阳 / 159

我的上大故事　盛国轩 / 162

擎未来的引路者
　　——上海大学令人钦佩的辅导员　盛怡娴 / 165

我的上大故事　王晨煜 / 167

我的上大故事　吴怡 / 169

同上大一起成长　叶亮　邓冰冰 / 171

学海无涯,明灯引航　袁豪泽 / 174

科研:一门在时间中淬炼的艺术
　　——钟云波与上大的故事　钟云波　施岳宏 / 178

第四章　青春飞扬 / 183

携梦启航,岁月如歌
　　——我在上海大学的青春岁月　范文静 / 185

律动青春在上大　胡欣宇 / 188

我的上大生活　赖彦峰 / 192

泮池之恋　刘雅茹 / 195

炙热的青春,遇见了上大　秦波琪 / 198

我眼中的上大　项亚伦 / 203

共青春之征程,擎未来之上大　徐磊 / 206

青春序章：在上海大学的梦与行　许新承 / 209

奔赴炽热的恒星　俞畅 / 212

白鸽为引，相期青云　庄晏祯 / 214

第五章　同学少年 / 217

同舟共济，少年豪情　王佳拓 / 219

把上大说给你听　郑丝雨 / 223

踏进上大校门，追寻成长轨迹　江宇辰 / 226

我与上海大学的那些故事　郑奕涵 / 229

心之所向，素履以往　高祎宁 / 233

青春岁月，携梦再启
　　——我的上大之旅　金圣琦 / 236

夹缝里的月光　梁钟源 / 239

八宝入学记　王骁 / 242

关于我在上大平凡而幸福的生活　张嘉慧 / 246

秋叶之诗：上大逐梦繁星路　周靖浩 / 249

后记 / 253

第一章 邂逅上大

清风如愿,明月皎皎

悉尼工商学院　王璐

当小树遇见大树们

　　大学的课堂,为我的学习生活画上了最浓墨重彩的一笔。作为一个平凡的非天赋型选手,在刚刚进入大学时,迷茫和焦虑将我淹没,我没有过目不忘的能力和出众的理科思维,我只能用努力和时间弥补自己的不足。幸而,我遇见了那么多优秀而认真负责的老师。他们在耐心教导、领我一步步走入知识大门之余,更让我见识到了什么是对学术的钻研和对梦想的坚持。课堂上,饱满的知识总是以高效而有趣的方式被讲述,允许观点和解法的讨论,鼓励真知灼见的表达与发声;课堂后,良好

王璐

的学习习惯会被引导与养成,亟待挑战的疑难问题也被及时提上日程,逐个讨论和解答。在这一求学过程中,我从简单概念的难以理解、死记硬背,到后来形成自己的学习习惯,逐渐在上大散发自己的学术光芒,成绩保持学院前列……

　　就这样,我们与老师们亦师亦友,在大树们的荫蔽与关怀下完成一次次蜕变。犹如将一棵正在生长的小树植入一片森林。我第一次见识到一棵根深叶

茂、苍翠欲滴的大树应该是什么样的,更见识到大树们以一批批小树的成长为自己的坚守和梦想,扎根在这片土地上,年复一年为这一事业辛勤耕耘。

曾经,我是被推动的那棵树,是被摇动的那朵云;而后,我期待着自己也能成为唤醒灵魂的继任者。我也想继续深耕学术领域,即使这是一条注定坎坷而曲折的路,但我依然坚信"莫道春光难揽取,浮云过后艳阳天",心之所向不计前路,风行万里不问归途。

我见过上大每一分每一秒的星辰

上大是什么样的?这是个很深刻的问题,在收到录取通知书之前,我对这个问题有许多答案,但这些答案都是空洞的、单薄的,直到我真正踏入上大校园、成为这里的一分子时,我对于这个问题的答案,才逐渐明晰。

上大是自由的,你有着完全属于你的时间规划,自主选课安排课表,或是约三五好友一起去讨论学术,或是去图书馆自习一整天,当然,喜欢独处的也可以在校园里的长凳上静坐,悠然思索。上大的自由是深深镌刻在骨子里的,是浸润在每一寸空气之中的,是烙印在每一个上大人心里的。我们享受着自由,也永远充满进取的朝气。

上大是庄严的,直到我找到这个词后才发现是有多么贴切。作为红色学府,上大在创立之初就承担着培养革命人才、传播马克思主义思想的使命,成为那个时期传播左翼文化和革命思想的重要阵地。而进入新时代,上海大学赓续红色基因,也不断培养为国争光的创新型复合人才。

上大是自由的,上大是庄严的,带着历史的斑驳与厚重,带着未来的激情与希望。复杂的情感深深地融入我在这一年多的求学生活。

上大的生活是什么样的,似乎很难下一个具体的定义,但也确实是忙碌的、丰富的、充实的:从开学典礼高端的"演唱会"到每个学期的班团活动和首日教育;从和同学们合力完成每一份商业计划书,到深夜二食堂激烈的"思想碰撞"……

上大的生活更体现在每天的学习中。在上大的所有课程都是辛苦的,是需要付出汗水的,于我而言则更多是要在学业和休息的平衡中实现自洽。上大的课程是丰富的,既有"线性代数""计量经济"这样艰深的专业课程,也有"生活中的化学品探究""知识创新和知识产权保护"这种对经管类学生的我来说丰富有趣的通识课程,专业知识与个人兴趣实现了巧妙的平衡。

在忙碌充实的求学之旅中,我拥抱着上大的每一个朝阳、每一片星辰。

上大是一个广阔的平台,有着更多的可能。2023年暑假,我参加东盟暑期海外交流项目,赴新加坡南洋理工大学,作为项目组的一员深入企业实地考察,交流学习,体验文化,结识了很多真挚真诚、志同道合的朋友;八月,我参加社会实践项目"服务国家商业和品牌项目出海",和组员们深入品牌一线,实地调研,一起结合调研为更多的中国品牌向世界建言献策……

这一年多的时间里,我一直在思考和问自己到底什么样的大学生活是好的、优秀的。直到我参加优秀学生答辩的时候,听到一位同学说"在上海大学最幸运的就是遇到的每一个人都是优秀的"。每每想起这句话,我都感慨万千:感恩自己能遇见那么多耐心的师长和朋友们,感恩能在上大园、泮池边遇见这么广阔的舞台。面对优秀的同学们、老师们,面对历史上那些璀璨的群星和巨人般的身影,我无时无刻深感自己如浩瀚宇宙中的点点星光一般渺小。但是即使是这样,我也希望自己能承担起一点小小星光的重量——隐身在夜空中,和其余无数颗同样努力的星星一起点亮整片银河。

清风与明月

我的高中母校旁边有一个鹃湖,而上大有泮池。我想,这也许是冥冥之中的缘分吧。

在上大求学的青葱岁月,于人生的尺度尚不过几十分之一,放入时间之河更是渺小得微不足道。但这段旅程教会我如何把握人生的航向,从而豁达、自如、坦然地在是与非、过去与未来、当下与永恒之间抉择;这一切带给我的精神烙印,早已融入那清风明月之中,以清澈高朗之姿,予我陪伴与力量。

在明月皎皎的夜晚,我享着清风闲适地走在泮池边,看着水鸭与锦鲤,那一刻我的灵魂高高跃于泮池之上……

青春从这里启航

——我的上大故事

社区学院 孙妍

我与上海大学的缘分,准确地说,始于2023年7月25日。

那一天,我在上大的官网上查到了自己被录取的消息。

可能与其他同学不太一样,我在填报志愿的时候并没有过多地对上海大学做一些针对性的了解。当时的我一直沉浸在高考成绩并不如意的压抑、失落的情绪中,在无奈地接受自己与想去的医学专业仍然有着较大差距之后,我把热门专业与自己感兴趣的专业进行了排序。最终,结合分数与招生情况,在2023年8月23日,我走进了上海大学的校门。

孙妍

现在回想对上海大学的初印象,是报到日当天炎热的天气、拥挤的人潮、热情的阿姨、友善的舍友,是父母陪着走过的那一段南外环路与泮池石桥上看到的那一群争先恐后抢食的肥润锦鲤,是当时感觉怎么也走不到头的偌大的校园。

上大的节奏很快,没间隔几天,我就迎来了开学的第一天,随之而来的是脱离父母,一切尽由自己支配的无拘无束与茫然无措。第一次离家住校,一切都要自己拿主意,万事都要自己去做。之前从未全权负责过自己生活的我,很快褪去了最初对于这种衣食住行完全自主决定的兴奋感,每天都想着这也没做,那也没做,非常焦虑,漫上心头的总是"要是爸妈在就好了"。我想起了家里书桌上总会及时满上的热茶,想起了总有人帮我收拾衣服与床铺,想起了家里那种无论做什么都被包容、都被爱着的感觉。但我知道,人总是要长大的,总是要离开父母独自在外闯荡的。对于大学生活,我渐渐变得游刃有余,不再需要事事问爸妈拿主意。在上大,我开始学着独立。

上大的课程设置涵盖了不同的领域,从思想政治系列课程到微积分、英语等基础课程再到专业课程,每一门课程都在拓宽我的眼界,增长我的见识,每一门课程也都给我留下了深刻的印象。在秋季学期的劳动教育理论课程中,我有幸参观了上海大学校史馆与钱伟长纪念馆,对于上海大学的校史以及精神有了更为深刻的认识。通过一下午独自沉浸地观展,我了解了上海大学自建校以来的百年红色历史,学习了钱伟长校长"国家的需要就是我的专业"的伟大爱国精神,深刻理解了上大"先天下之忧而忧,后天下之乐而乐"的价值追求与"自强不息,道济天下"的校训。在通用学术英语课程中,手机上时常收到老师发来的如天冷添衣等通知,让刚刚离开父母身边的我感到尤为温暖,至今深刻地感念着老师给予的关心与爱护。在通识课上,老师借助着PPT,深入浅出地讲解着他研究领域的相关内容,尽己所能地解答同学提出的问题,其真诚亲和、耐心细致的态度也让我难以忘记。在"中国近现代史纲要""大学生心理健康"等课程中,我都收到了老师布置的小组作业,与同学组成了一个课程小组。然而,大学的小组作业与我在高中完成的小组作业有着很大的差异。在高中,大家的时间表与作业量基本上是一致的,因此很容易就能凑好时间聚到一起,但在上大,每个人的课程安排与时间表都各不相同,聚到一起完成小组作业变得困难重重,当时的我不得不选择全程线上交流。在这一过程中,不可避免地出现了其他组员完成的内容与我的预期相差甚远的情况,这也让我认识到作为小组的组长,我对于问题的描述应尽可能地详尽,对于任务的阐释也应避免产生歧义,力求表述得更为清晰易懂,而对于组员来说,则应多提问、多沟通、多思考。这几次小组作业丰富了我团队合作的经验,也锻炼了我的沟通与表达能力,于我大有裨益。

作为一名2023级的大类新生,写这篇文章时,我仅在上大度过了一个半学期,最具有上大特色的三学期制还没走完完整的一遍,但这短短的一个半学期却给我带来了与之前的学习生活截然不同的体验以及一些新的感悟。秋季学期刚开学的时候,我只觉一阵手忙脚乱,好像刚刚摸清上课地点在哪栋楼哪个教室、教学要求是什么,一眨眼就已经要期中考了,然后便急急忙忙地开始温习功课。当时的我一边感慨着时间过得太快,一边在心里给自己敲响警钟:"一寸光阴一寸金,上大的学期短、任务重,更要抓紧时间,才能不负韶华,使自己得到提升。"于是,在脱离高中刻板的时间表后,为了保证自己的学习效率,我开始仿照英语沈老师给出的7×12学习表格的方法,在每天入睡前回顾自己一天的学习与工作成果,看看自己在这一天里是不是有所收获。尽管上大独特的三学期制给我带来了很大的学业压力,但它也是催促着我不断迈步向前的动力。在上大,我逐渐适应了快节奏的学习生活,学会了抓紧每一分每一秒来提升自己,认识到了自己应该做真正有益于自己的事情,而不是坐在书桌前形而上学地盲目学习。

前段时间与考到其他大学的朋友聊天,我惊讶地发现上大在选课方面给予了学生极大的自由。在朋友的学校,她们的必修课都是由教务处安排好老师与时间,直接设置在她们的课程表上的,她们唯一需要做的就是拼网速与手速去抢自己感兴趣的那一两门选修课。但是上大不一样。上大完全自主的选课制度让我能够做到基本按照自己的意愿来安排自己的学习生活,包括但不限于想要在什么时间上哪位老师的哪门课。虽然有的时候也会出现一些意外,比如想要选的课没选上抑或是发现老师的课程内容与想象中的有很大出入。当意外出现的时候,快速调整学习方式,跟上教学进度与节奏显得至关重要。也因此,在上大,自8月份开学以来,我的学习方式、学习习惯与学习节奏不断地在进行改变与调整,我对于新事物、新环境的适应能力也得到了充分的锻炼与提升。

课间的闲暇时间,我喜欢在泮池边骑行,感受微风轻拂过发梢,看着鱼儿在水中嬉戏，湖面在清风与阳光的作用下波光粼粼，鸟儿在不远处的空中盘旋飞舞，而随着时间的流逝，天空渐渐被夕阳染上一层玫瑰般绚丽的颜色，湖面倒映着烈焰般的云朵，不时有远处的飞机缓缓穿过。这一切都给我的心灵带来一种无与伦比的平静与放松。我觉得，是上大校园的美景赋予了我一种松弛与畅快，让我从备战高考的紧张状态中彻底走了出来，也让我意识到自己其实不用一直对着书本与电脑学习，身边的风景与身边的人同样也很重要，适度的休息是十分必要的。

在上大，我开启了自己人生新的篇章，变得独立，也懂得了许多道理，快速地成长起来。相信在未来的大学时光中，在上大这一有着良好校风学风的平台上，在许多热情友善的老师、同学的陪伴与帮助下，我一定能够蜕变成为全方面发展的综合型人才，为实现中华民族伟大复兴的中国梦贡献出自己的力量。

以上大为始，我踏上了新的征程。

青春从这里启航。

蜡烛点亮在上大

通信与信息工程学院　张伟婧

张伟婧

现在的时代,是最好的时代,也是被快速度充斥的时代。快捷的打开方式,愈来愈明亮的光线,点亮后就不再关注,让越来越多的人疲于奔波在各种事务中。但是,就如王家卫导演的镜头那样,快镜头固然是一场流动的美的盛宴,但是慢镜头也是组成电影的重要成分,那些暗暗涌动的情感和藏在气质仪态中丝丝缕缕的美,需要通过慢镜头来展示。蜡烛,这一日用品随着时代的发展,已经成为20世纪的遗物,它只会被藏在犄角旮旯里,和一堆杂物一起。但是停电时,它就在那里,为焦急的你点亮一片区域,它微弱摇曳,却带来了一片光明。

似乎精简且便捷的短视频不断侵蚀着我们的生活,甚至开始侵蚀我们的学习,短视频带来的迅速增益不断冲击着我们积少成多的印象,不断冲击着我们努力才能致成功的思维,但是上海大学的老师依然坚守着"打好基础,才能建成高楼"的理念。

我的运气总是不错,又可能是因为我选择了上大这所学校,我总能遇见喜欢的老师。通信工程不算是一个简单的专业,一进学校,初生牛犊不怕虎的我就选了好几门"基础课"。说是基础课,对于刚从题海战术脱离出来的我而言可算不上"基础"。且不说极具难度的高数,也不说没有任何基础的 C 语言,就谈一下给我一个下马威的"工程制图"吧。这一门严谨且需要空间思维和平面思维的学科,给予了我一次又一次熬夜画图的绝望与悲伤。虽然做题是悲伤的,结果是布满红叉的,但是它是我第一门喜欢的课程。我很喜欢方建华老师一遍遍向我们叮嘱工程的严谨性;喜欢他很细致地为每一位同学纠错,真心实意地为你着想;喜欢他细心地用制图细节为我们筑起技术的根基。有人诟病他的斥责,但是这种斥责更像是对你的关心,像是恨铁不成钢的焦急,是为我们的未来殚精竭虑,像是风中摇曳的蜡烛,明知道只能照亮一小片区域,却依然努力地发出自己的光,默默地为你奉献。方建华老师不仅夯实了我学习的基础,也建立了我对上海的初步印象。每到节日他都会给大家送祝福,也会在每次考试前为大家加油鼓劲,是老师,却更像兄长。他总是疾风骤雨般出现,但是又总能像冬日的阳光,让人觉得暖洋洋的。上海不只有魔都的称号,它也有拥抱我们亲身的暖阳。

  阳光总在风雨后,"模拟电子电路"又是一座难以逾越的高山。但是我遇见了大家口中戏称的"没有上过张之江老师的课就等于没有读过通信"这一传言的本人,真是实至名归了。张之江老师是高中老师和大学教授的结合体,既给你高中老师般无微不至的教学与指导,又给你大学教授般自由发展的学术空间。每次上张老师的课,都有一种酣畅淋漓的感觉,既是一场激烈战斗,又是一顿饕餮盛宴。他是战场上带着我们冲锋陷阵、攻占城池的将领,也是温文尔雅、宴请大家的主人。他总是提及理论的重要性,但也不忽视实践的重要性,希望我们"文武双全",又觉得这是一场艰难的战役,为我们感到担忧。蜡烛在风雨中摇曳,给我们带来光亮,带来温暖,为我们照亮前路,也时刻陪伴着我们。

  李商隐在《夜雨寄北》中写道:"何当共剪西窗烛,却话巴山夜雨时。"何其幸运,我在上海大学遇见了可以"共剪西窗烛"的朋友。我也曾在进入大学前惴惴不安,孤身来到上海,耳边还飘荡着朋友"你居然去了上海"的玩笑与关心,战战兢兢刷着网络上层出不穷大学生活的短视频,"孤独"是这类视频的常见词汇。

诚然,大学确实是孤独的,在选课制度下,大家不再像高中那样有固定的同班同学,有固定的搭子和同伴,一切都是流动性的。但是,友谊依然是固定的。

流动的制度为我们的关系带来不确定性和不稳定性,但同时也带来更多的可能性。我遇到了来自不同地区的同学甚至来自不同国家的同学,我遇到性格各异的朋友和师长,我的生活更丰富多彩。

我交到了可以"剪烛"的朋友,我们会在周末从一周的忙碌中脱离出来,不再是有学业负担、工作压力的学生,那一刻,我们只是自己,是彼此的挚友,是可以倾吐的对象,是会认真倾听的陪伴的人,是会一起发疯、一起难过、一起大笑的朋友。我会记得那个流星雨的夜晚,我们从不同的宿舍出发来到共同的地点,等待着同一场流星雨。很多人在等待,很多人在聊天,但是我们身边只是彼此。那天真的有很多流星,我们闭着眼许愿,彼此倾吐着愿望,我们的愿望里会不会包含着彼此?那天有三颗星星组成一个稳定的三角形,一直在夜空闪烁,从没有彼此离散,我们也会一直在一起"剪烛",一起共享属于我们的时光与情绪。

我很喜欢蜡烛,在这个快时代里,我们依然需要这些慢镜头,需要这小小的复古与快乐时光,去填充快时代的寂寞与空虚。

与上大相遇的那些时光

——在上大遇见自己

社区学院　赵炜清

与上大相遇，到现在，算起来已经114天了。那天在宿舍我们谈论"高考居然是一年前的事了""高考似乎还是昨天发生的事""高中那会儿时间过得真快""现在的时间好像变慢了"……这些都是我们回忆时的感慨。

与上大相遇的这段时光，是值得感慨的。我第一次脱离了初高中作息，离开了高中这无时无刻不在倒计时的紧张，眼前的世界仿佛广阔了，也复杂了。在我走向成人的旅程中，上海大学是第一站，也是特别的一站，它仿佛早就等在我们人生轨迹上，注定与我们相遇。

赵炜清

报到的那天，第一次经过上大路，我坐在车上，看窗外的蓝天白云，看路边绿树成荫，眼前的街道向后移动，那时的心情有点复杂，既担心又好奇，满是我对大学生活的幻想。看着迎新横幅、大包小包的同学、热情的志愿者，那一刻，我的幻想对应上了现实，不仅是这热闹的景象，还有那自由开放的感觉。

但那一刻心中又泛起迷茫和愤慨。心里那股强烈的想法抑制住了跳动的火苗,我告诉自己,不要忘记当初的痛苦和不甘。踏入校园的我,还带着填报志愿时与家长的分歧,带着差分毫就可以进入理想的中医专业的那份不甘,带着与医学方向背道而驰的痛苦,带着自己的心高气傲,带着对于经管的抗拒……

就这样,我与上大相遇了。在选课中,我了解到上大的通识课要求与丰富的通识课资源,我毫不犹豫地选择了很多与医学有关的通识与研讨课程,包括"中医与中国文化""生物医学的挑战与进展""精准医疗中的工程技术""医道中国"。

开学了,不出意外,上大的学习节奏很快,随着课程的推进,我在这些医学课堂中的收获远比想象的多得多。"中医与中国文化"成了我最喜欢的通识课,跟随老师的讲解,我从宗教、制度、政治、文化等多种角度更深地了解了中医,我也借课程的期末任务,有机会大量阅读自己感兴趣的文献,并完成一份书目单。在对"生物医学的挑战与进展"的研讨中,在廖老师的引导下,我自主查阅了生物医学领域大量的前沿资料,选择了干细胞技术治疗眼角膜疾病和mRNA疫苗,进行了两次展示和交流,在这个过程中,我随着自己的兴趣付出了大量的精力,不再考虑成绩与性价比,即使它是一门一学分的研讨,我也愿意投入自己百分的热情,我十分珍惜这样跟随兴趣学习的机会,现在回望,那或许是属于我的一场自由的逃亡,是一次伟大的冒险,是自我打造的乌托邦。

快到期末了,在"医道中国"晚课结束后,我鼓起勇气找医学院的老师谈了我想转专业的想法,那次的经历让我至今难忘。谈了转专业的想法后,老师和我聊了很久,聊了很多,他建议我学好专业课知识,帮我分析转专业的可能性和对我未来发展的利弊。他耐心教导我在已确定的本科专业中静心学习,多去做与经管相关的项目,让自己充实起来,培养新的兴趣方向。老师的教导让我坚定从容地面对了现实,也让我终于拨开了眼前的迷雾,豁然开朗。

老师说:"不要放弃自己的梦想,万一实现了呢?"是的,当我终于不再局限自己于一方井水,不再用消极情绪填满所有生活的缝隙,当我自己真正花费了很多时间研究热爱领域,我反而能够慢慢放下自己。当我清晰认识到梦想与现实区别时,我离梦想似乎更近了。我眼前的道路清晰了起来,我决心在最好的时光里,培养好自己,而不是沉浸在焦虑与想象中空手描绘未来的各种可能。

在整个秋季学期的学习中,我集中精力忙于通识课程的学习,也逐渐释怀,不再有当初的不甘与执念,我慢慢意识到一味用执念折磨自我是一种消耗。更重要的是,在这些课程中,我不再执着于将兴趣作为自己的专业,我不再把自己禁锢在狭隘的世界中,我看到医学与其他学科的交叉发展的大趋势,看到未来的多种可能,但看到把自己培养好是多么重要。

这是上海大学给我上的人生第一课,它将我从自己的世界中拯救出来,让我清醒地认识这个世界。做点什么,对,做点什么,于是我渐渐花更多时间专注于经管专业相关知识的学习,将注意力更多地放在对经管专业的了解与考察中,而随之,我也慢慢能够体会这门学科的意义和魅力。

上海大学的包容与多样,给了我看到广阔世界的视野,这是我与上大相遇了144天才慢慢感受到的。从这方面来讲,我感到自己是幸运的。我不会再觉得无所事事,在上大的这一年,在社区学院,是在各个领域发现自己、了解自己、储备自己和理解自己的一年。

与上大相遇的这144天里,其实不止于此。

同样是报到那天,路边的招新摊位递给我了一份青年志愿者协会的表单与周边,或许是这个摊位独有的用心和热情打动了我,就这样,通过两轮的面试,我进入了红十字志愿者工作站。

我常常想归属感来源于何处,是理解、包容、认同还是别的?在进入上大的最初,我曾奢望在这里能够找到"归属感"。于是,我形单影只,享受够了上大的夕阳,看尽了草坪上玩耍野餐的人们,或者泡在图书馆,或者扎进自己痛苦的情绪中。

但是其实从加入红十字志愿者工作站的那一天起,夕阳就不再只属于我一个人。在这个新的集体中,我们彼此走近。"这会有晚霞,快去看!"一条消息跳入手机屏幕。紧接着,各个角落的美景被我们扔到群里,泮池的、宿舍的、图书馆的,一群人吵吵闹闹,各种自拍和搞怪的照片也在群里不断涌现,热闹非凡。

在红十字志愿者工作站的日子里,我学习了如何招募急救培训班的成员、如何汇报工作、如何写策划案,也在急救培训班中学会了急救技能,考取了急救证。记得急救路演的前一天有一次例会之外的临时集合,我们在门外的天台上摆好急救包,互相包扎、互相复习急救的知识和操作。2023年的冬天很冷,晚上的温度已近冰点,但我此刻并没有丝毫凉意。

晚上11点,在回程的路上,夜很黑,云很轻,虽然迎面扑来寒风,我的内心却火热无比。我想此时说归属感并不算为时过早,因为我找到了一个位置,找到了价值所在,每多教会一个人急救技能,我就为宣传红十字精神和人道主义作出一点贡献,我都抱着热忱,我无比确定我在做意义非凡的事。

如果说和上大相遇的144天的时光要如何总结,我想,是"自我"二字,是在包容与多样的上大发现自我、和解自我,是在热情的上大集体中确定自我,找到自我归属。

当我们回过头感慨时间飞逝时,却发现,此刻我已经与上大结成了如此多的羁绊……

我与上大的缘分

钱伟长学院　李郑晖

我与上大，结缘于一本书……

十五岁那年，漫步在图书馆中，偶然瞥见一本小书，白色的封皮微微泛黄，书脊上落满了灰尘，我心生好奇，便取下来看。

轻轻拂去灰尘，瘦劲挺拔的"钱伟长"三个字映入眼帘。我打开这本名为《钱伟长与上海大学》的书，静静地读了起来。未曾想整个人沉浸其中，不觉时间流逝，图书馆亮起了灯，我忽觉天色已晚，合上书页恋恋不舍而离去。

李郑晖

这是我第一次看到"上海大学"这个名字，这时的我，还未曾想到我会与这所学校结下不解之缘。

第二次看见"上海大学"，是在2022年的10月23日，休息之余打开手机，凑巧刷到关于上海大学举办大型庆典活动纪念建校百年的短视频。正在复习备考的我不以为意，只是浅浅地看了看，然后放下手机再次进入题海。

再一次看见"上海大学"，是在2023年6月。说来也是有缘，翻开厚厚的一本报考指南，看到的第一份招生简章便是上海大学的，当时的我也觉得有趣，便想深入了解一下这所学校。打开浏览器，输入"上海大学"，弹出的第一个词条便是"上海大学钱伟长学院"。那一瞬间,尘封的记忆被唤醒,我忽然想起了那一年在图书馆偶然读过的《钱伟长与上海大学》一书,只觉欣喜万分。此时的我,冥冥之中感觉到了我与这所学校的缘分。

7月中旬,我看到了录取结果——"您已经被我校钱伟长学院录取,专业是理科试验班"。看到录取结果后我做的第一件事,便是冲向记忆中的那个角落,找到了那本书,再次翻开这本书,心情已是截然不同。当年的我,仅是感动于钱伟长老先生"国家的需要就是我的专业"的伟大精神,惊叹于其"桑榆匪晚扬鞭奋蹄"满腔热血。此时的我,再次看到泛黄书页上的那些文字,却多出了一种喜悦自豪之感。也许是因为即将进入这所钱伟长老校长倾尽后半生心血的学校,也许是因为即将进入这所以钱伟长老校长名字命名的学院,此时的我对于未来充满着憧憬和希望。

终于,在期盼之中,我来到了这所大学,开启了我人生中第一次远离家乡的求学旅程。初来乍到,人生地不熟的惶恐与不安在师长的帮助下渐渐地被克服。短短几天的时间里,学长学姐带着我们熟悉了学校的角角落落,从宿舍到食堂,从操场到教室,我的大学生活也慢慢地拉开序幕。

大学的生活是丰富而又多彩的,也是自由与随意的,大学生活如同一幅空白的画卷,等待着我们提笔肆意点缀,绘出色彩斑斓的画卷。

我在这幅画卷上落下的第一笔浓墨,是在开学典礼上。我有幸受邀参加开学典礼的演讲活动。要在如此隆重的场合进行演讲,我的内心既激动又紧张。演讲开始之前,我在后台不断地踱步,尝试使自己平静下来,在走上台的那一刻,我心跳到了嗓子眼,在无比紧张的情绪中开始了演讲,当说出"做伟长人,塑伟长梦"时,看着台下为我欢呼的钱伟长学院的同学们,我不禁热泪盈眶,感到无比的骄傲与自豪,这是我在这幅画卷上落下的第一笔,也是厚重的一笔。

我在这幅画卷上留下的第二笔浓墨,是在11月下旬的上海市大学生跆拳道锦标赛上。我身着印有上大标志的跆拳道服,以上大学子的身份,参加了三人团体品势比赛。赛场之上,我们每一个人都竭尽全力,力求动作的规范与整齐。虽然最后只取得了第五名的成绩,但我们每一个人都很高兴,因为在这个过程中我们收获了很多,也培养了我们的集体荣誉感。

在 12 月初，我们学院举行了职业规划大赛院级评审。在诸多评委老师面前，我自信满满地展示了我的职业生涯规划方案，诉说着我想要成为一名生命科学领域的科学家的梦想，述说着我对未来人生的规划。虽然最后没有进入下一轮，但在准备的过程中我收获了很多，明确了我对于未来人生的目标，同时也制定了具体的实施计划，我相信这些会是我未来发展和成长的一大助力。这次比赛也是我大学生活画卷上的一笔浓墨……

这些浓墨浸润纸张，意蕴深厚，影响深远，但除了这些浓厚的痕迹外，画卷上还留下了许多五彩斑斓的小线条，这些小线条穿插在厚重的笔墨之间，也为这幅画卷增添了许多神采。

漫步校园，夜观泮池，课堂上方案展示，课堂下小组讨论，与老师探究学术问题，与师兄师姐一起交流心得……这些看似微不起眼的小事汇聚在一起，也对我的成长产生了巨大的影响。在这些微小的事件中，我学会了欣赏风景，也明白了朋伴合作的重要性，学会了深入思考，也渐渐开始敢于质疑。这些小的成长汇聚在一起，点点星光，镌刻在画卷之上。

正如这幅画卷上充斥着五彩斑斓的小线条，我的大学生活将充满着无数的精彩与挑战。我相信，在上海大学钱伟长学院的学习与生活中，我将会继续成长，不断探索，为自己的人生理想努力奋斗。"做伟长人，塑伟长梦"不仅仅是一句口号，更是我对自己的期望与要求。

在这个充满机遇与挑战的大学时代，我将把握每一个机会，尽情挥洒我的青春与才华，让我的大学生活更加丰富多彩。在这幅画卷上，我将继续留下属于自己的浓墨重彩，让我的青春在这所大学里闪耀出独特的光芒。

我与上大，结缘于一本书，但这只是一个开始。未来的日子里，我将继续与上海大学相伴，在这里追逐我的梦想，实现我的人生价值。上海大学是我成长道路上的一座里程碑，也是我未来人生的一个新起点。

那一刻,她真的很美

社区学院　巴乐巴拉·巴合提

时间如清风一般从指尖划过,悄无声息,快得我们都来不及驻足观望,它就早已无影无踪。不知不觉,我在这里已经度过了大半年的时光。犹记得当时我刚出地铁站,懵懂又勇敢,怀着激动的心情,带着对大学生活的向往,走进了上大校园,开始了我与上大的专属记忆与故事。

走进校园,我被那宽敞的道路,绿意盎然的树木和错落有致的教学楼所吸引,这里充满了青春的气息,同学们或低头沉思,或激情讨论,或在操场上挥洒汗水,我在这座校园里度过的无数个日夜,这里的每一块砖瓦、每一片草地都承载着我与上大的回忆。

巴乐巴拉·巴合提

上海大学号称"宝山区第一人民公园",有着极为优美的环境。这里四季鲜明,皎洁的月光装饰了春天的夜空,我躺在泮池旁,望向天空,夜空像无边无际透明的大海,安静而又神秘。晴朗的夜里,你还能见到繁星,闪闪烁烁,跳动着的细小的光。南方的夏季,骄阳似火,中午时分,太阳把树叶都晒得蜷缩起来,知了扯着嗓子叫唤个不停,给闷热的天气更添上一层烦躁,校园小道边的小狗也热得不想动弹。但到了晚上,夜风轻飘飘地吹拂着,空气中飘荡着花的香味,柔软的草坪上还残留着白天太阳炙晒的余温,几个朋友浴着凉风,望着夜空,尽情说笑,愉快的笑声荡漾在校园里。秋末的黄昏来得总是很快,坐在教室里靠着纱窗望去,远处的小猫懒洋洋地卧在草坪上,落日闪着灿灿金光,绿叶染成了红色,夕阳在其缝隙中滚动,留下金红紫色的彩霞,此时下课铃声响起,天台上站满了用手机记录晚霞的同学,他们有说有笑,脸上洋溢着笑容,在夕阳西下,我们更欢乐,更轻松,更青春。风已经有了冬天的温度,这一年也慢慢步向尾声。在不用匆忙赶早八的早上,拉开窗帘,第一抹暖阳总能透过阳台洒进宿舍,面对着朝阳伸着懒腰,新的一天迎着暖阳奔向浪漫与精彩。一天疲惫的学习结束,外面冷冽的空气带着些许校外路边烤红薯的香甜,哈出一口热气搓搓手,我们等待的那一场雪终于轻轻飘落下来……

  记得那天夜幕降临,天空渐渐被深邃的黑暗笼罩,微风轻拂,带着一丝丝凉意。我与同学临时作出决定——去看流星!我们穿上厚衣服,爬上了J楼的天台,发现在那里已有许多同学在等待流星。我们一起唱着《夜空中最亮的星》,仰望着那浩瀚的星空,突然,一颗流星划破天际,如同一颗璀璨的钻石,闪耀着令人惊叹的光芒。它从天边迅速飞掠而过,留下一道亮丽的光轨,犹如一抹绚丽的彩带,瞬间点亮了整个夜空。我们不禁屏住呼吸,目不转睛地注视着这美丽而短暂的一幕,它的出现打破了夜晚的寂静,校园里瞬间充满了同学们的惊叹与尖叫,之后取而代之的是我们对未来的期待与希望。夜空中的流星是那样的美丽而神秘,它让我们感受到了宇宙的无限魅力,让我们明白了生命的宝贵与短暂,在这里也许有和我一样懵懵懂懂的大一新生,有努力备考的学长学姐,有迷茫于未来不知参与工作还是继续读研的同学,但不管我们是谁,我们都将继续追寻自己的梦想,像流星一样,闪耀出属于自己的光芒。学校又沉浸在宁静的黑暗中,路灯投下的柔和的光芒照亮了路面,道路两旁的树木在晚风中摇曳,投下斑驳的影子,宛如舞动的精灵。远处的操场,体育设施静静地躺在黑暗中,等待着新的一天的到来。到达生活区,宿舍楼里的灯光逐渐熄灭,同学们沉浸在甜美的梦乡中,偶尔传来一阵低沉的鼾声,回荡在空旷的走廊里。凌晨的学校,宁静而神秘。仿佛时间在这里静止,一切都被夜色笼罩。然而,在这宁静的表面下,学校的每一个角落都充满了无尽的活力与潜力,当太阳升起,同学们再次涌入校园,学校将焕发出勃勃生机,继续谱写她与我们的故事。

清晨的校园,宁静而充满活力,阳光透过树叶的缝隙,洒在蜿蜒的小径上,鸟儿在枝头欢快地唱歌,同学们或三三两两地走在通往教室的路上,或坐在图书馆的窗边静静阅读。校园里散发着浓郁的咖啡香气,一些同学在这边享用早餐边讨论着昨夜的作业或是即将到来的考试。操场上,有同学正在晨练,他们的身影在晨光中拉长,每一滴汗水都显得格外耀眼;有同学在进行校园跑,他们朝气蓬勃,有说有笑;有同学在挥舞彩带练习舞蹈,动作优雅而流畅。随着时间的推移,校园里的声音逐渐变得喧嚣起来,教室里传出了老师授课的声音,实验室里响起了仪器运作的声响,社团活动也纷纷展开……清晨的校园便是梦想启航的地方,在这里,每个同学都在用自己的方式书写着上大与他们的青春篇章。

我在这里结识了一群志同道合的朋友,我们一起奋斗,一起探讨,一起成长。在图书馆的角落,我埋头苦读,探索知识的海洋;在实验室里,我挥洒汗水,实践着创新的梦想;在教室里,我聆听老师的谆谆教诲,汲取智慧的火花……这些经历让我变得更加成熟自信,也为我走向社会做好准备,我与上大的感情时间不长却深厚而复杂,它包含了学习与生活、友情与爱情、挑战与成就。这里将会有我宝贵的青春岁月,有我无法忘怀的人和事。即使未来的道路会将我带向远方,上大的记忆将永远是我心中最温暖的一部分。我的上大回忆录,未完待续……

上大学

悉尼工商学院　陈研

陈研

光阴似箭,日月如梭。转眼间,我来到上大这座自然环境如诗如画的学校已经5个月了。但是,我与上大的缘分却已经很久很久了。

小学四年级时,我和家人一起来到上海旅游。当时正值国庆黄金周,上海各大景点的游客都络绎不绝。当时,我跟随旅行团游历了外滩、南京路、上海博物馆、东方明珠、金茂大厦等著名景点。当时,一直生活在那座两山夹一沟的小城市里的我哪里见过这么宏伟摩登的大都市,频频赞叹着这里的美。那天我在金茂大厦楼下排队时,还一脸认真地对导游说:"这次旅游真是把世面见了!"那次的经历让我从小开始就对上海有一种特殊的情感,这种强烈的向往一直持续了好多年。

当时,旅行团的大巴车还路过了上海大学的门口,导游还介绍说这可是一所好学校,车上的小朋友要好好学习,争取以后到这里来上学。这擦肩而过的匆匆一瞥却给我留下了难以忘却的深刻印象。我的向往之情时不时地就会在我的脑海里涌动。因为我非常热爱地理,所以平时有翻看地图的习惯。每当翻到上海地图的那一页时,我总会不自觉地感慨:真是繁华的大城市啊!这时,又总会看到地图上显眼的上海大学的图标,那种拼搏向上的进取心总会鼓舞着我:奋斗吧,少年,去你想去的地方!

时光不语,九年春秋一晃而过,我也从一个天真无邪的小孩成长为一名为了高考而努力的高中生。高中的生活非常紧张,我们这群"小战士"都紧绷着神经努力向前。但是,每当快坚持不了的时候,我总会憧憬大学生活,憧憬我能否进入上海大学。高三下学期开学不久,上海大学招毕办的老师们来到了我们学校。我原本以为甘肃与上海相隔千里,学校可能不会关注我们这样的小地方。没想到的是,老师们不仅来到了我们学校进行招生宣传,还给大家带来了好多小礼物,并耐心倾听解答我们的问题。那一次,我也客观理性地分析了自己考入上海大学的可能性。认清现实与差距后,我一如既往地继续坚持,只为了离这个目标和梦想进一步。

高考成绩出来后,就到了填报志愿的环节了。当时,我立马就查询了上海大学的往年排名,发现自己正处在分数线的边缘,能否被录取还没有定数。我虽然有些担忧,可还是坚定地填报了上海大学。投档线出炉的那天,我正在驾校学车,看到自己的档案已经被上大接收,我喜出望外,当场就和同学、教练们分享了这份喜悦。

几天后,录取结果如约而至。我被上大的金融学专业录取。我看到录取结果后,浮现在大脑里的第一句话就是,既然能够被上大录取,那我一定要在入学后努力学习,不负这一份认可。选择金融学这一专业,也是出于我对家乡的深深热爱与对上海国际化大都市的憧憬。在国际金融中心学习先进的金融知识,是学校给我的巨大资源和知识宝库。我也非常愿意在毕业后回到祖国的西北,建设我的家乡。因为我从小就认识到,甘肃虽然自然资源丰富,但是人们的生活条件、社会经济发展水平远远不及东部沿海地区。如果我能去经济发展好的地方求学,并且最后能够为自己的家乡尽个人的绵薄之力的话,也算不负使命、不忘初心了。

进入上大的 5 个月里,我除了积极适应住校生活、抓紧学业之外,我还参加了学院的团委组织部,并且成为学院团总支的组织委员。各式社团、学生组织给我提供了丰富的学习机会,尔美、益新等食堂给我留下了美好的印象。我虽然身处嘉定校区，没有与其他学院的大一学生同在宝山校区，但是我也选择每周去宝山校区上一次课，增加与更多同学和老师交流学习的机会。

当我知道有机会在寒假回到高中母校，向学弟学妹们宣传上大后，我立刻报名了"我为上大代言"的活动，我们组织了优秀团队分享会，发放了许多上大的宣传资料。我看到了学校在为招生宣传方面付出的大量心血，所以我也定会不负嘱托，完成好学校交给我的任务，让更多同学了解到这所"宝藏大学"。

每次从嘉定来到宝山，我总在闲暇时间流连忘返于学校的如画风景中。我会在傍晚时分去北门的小河边拍摄夕阳，我会登上J楼的楼顶把上大美景尽收眼底，我会去尔美食堂好好享受一顿美食，我会去伟长楼观看学长学姐表演的话剧，我会静静地坐在泮池边听一听潺潺水声，我还会做很多有意义的事，因为上大带给我的新鲜体验实在是应接不暇。

才刚刚度过秋季、冬季两个学期，我已经对上大产生了深深的留恋之情。2024年来临之际，我站在外滩的夜色中，看着陆家嘴繁华的街景，那一刻，我特别想对九年前还是个小孩子的自己说一句："看吧，你来到了上海，你来到了上海大学，完成了当年的承诺。"那一刻，我热泪盈眶。

能够在上海大学读书真的是一件幸福的事。它带给我的不仅有丰富的人文关怀与历史底蕴，更有师长的声声关怀、同学们一起为实践项目的努力口号，当然还有让我的高中同学们都非常羡慕的校园美景。我想，我和上大的缘分在好多年以前就已经存在，并且会在未来更加坚实牢固。我想，如果人生能够重来，我可能会改变一些选择去弥补当时的遗憾，但是，我一定还会选择上海大学。我想，如果能再来一次，我也还是愿意把上大说给你听。

始于盛夏，SHU 于上大

社区学院　陈宇丹

2023 年 6 月 8 日的午后，与往年离别愁绪的灰暗色调不同，天空是澄净透亮的蓝，一朵朵云托着和煦的阳光。道路两旁的大树枝繁叶茂，树叶们你挨着我，我挤着你，与灵动的风儿嬉戏着谱写出轻灵跃动的乐章。树荫下的斑驳，似青春美好回忆的碎片，铺满这条不宽不窄的林荫道。这大概是我最后一次以高中生的身份漫步于此了。三年来，我常将思绪寄向云霄：走到这条路的尽头，又是怎样的一番风景？会遇到怎样的人？碰上怎样的事？抑或拥抱怎样的天气、美食、街道……未知的一切对我充满了吸引力。

陈宇丹

我熟练地走过安检流程，揣着准考证，脑中全是对英语作文题的猜测，紧张又期待地走向考场。考试时，全然不知时针正缓慢挪向终点，只觉耳边写字唰唰、树叶沙沙。时至今日，我仍坚信高考时错的每道题、写下的每个单词、算的每个式子，一切的一切都好似流星既定的轨迹。"距离考试结束还有 10 分钟"，随着监考老师的提醒，我恍然意识到高中生活即将落下帷幕。而现在回想起来，那也是我与上海大学初见倒计时的开始。

翻阅了厚厚的志愿填报参考书，经过深思熟虑，我选择将上海大学作为我的第一志愿。

正值盛夏，我得偿所愿地收到了上海大学录取通知书。红色的纸盒承载了上海大学百年风雨历程，我小心翼翼地将它打开，细细品读着眼前这一本厚重的百年校史，静静感受着上海大学在历史风雨中的自强不息……

初遇上大，第一份礼物是"奉献、友爱、互助、进步"的志愿者精神。

新生报到第一天，烈日当空，人群熙熙攘攘，陌生的环境让我有些手足无措。但志愿者马甲上的那抹红色，让我心中不觉多了几分踏实。一位志愿者学长向我和母亲走来，接过我们手中的行李箱，细心询问我的书院，宿舍楼号。在他的热心带领与细心接待下，我顺利完成了新生报到。

志愿者精神在上大校园里处处生花。每当我遇到疑惑和困难，热情的学长学姐们总会不厌其烦地为我答疑解惑，提供解决问题的办法，帮助我在短时间内快速适应大学的学习和生活。在上大，校园组织为我们搭建了青年志愿者活动平台，组织开展了一系列志愿活动，如：上海地铁志愿者活动，引导并帮助乘客搭乘地铁；红色向日葵志愿服务，为特殊儿童提供美术教育；信鸽服务社，传播弘扬"人道、博爱、奉献"的红十字精神。青春正当时，让我们在大好青春年华发光发热，用实际行动传递友爱和温暖，共同为社会作出贡献。

走进上大，第二份礼物是充满惊喜的考试周旅行盲盒。

上海大学别具一格的短学期制——将每一学年分为三个课堂教学学期和一个夏季实践教学学期。这一制度以10周为一个学期，周期短，节奏快。在考试周的闲暇时间，同学们便可约上三两好友，去往自己喜欢的城市，体验不同的生活节奏，品尝当地美食，与不同纬度的落日合影。或许是在青岛，感受阳光与海风的温柔，享用一顿豪华海鲜大餐；或许是在重庆，走进一家街边店铺，点上二两小面，重庆火锅当然也是必不可少的；或许是在扬州，参观中国大运河博物馆，时间仿佛都慢了下来……读万卷书，亦要行万里路。踏出脚步的一刻，世界的地图逐渐明亮，目之所及皆是风景，步之所量皆是世界。抵达不是目的，出发才是。开启一场盲盒旅行，收集旅行的美好记忆碎片，为我们的青春增添几分勇敢和热烈。

感受上大，第三份礼物是一部辉煌壮阔的百年校史。

当我怀着激动的心情迈入上海大学校史馆的大门，扑面而来的庄严肃穆令我心生敬仰。

1922年10月23日，中国共产党创办的第一所正规大学——上海大学正式成立，曾与广州的黄埔军校齐名，有着"文有上大，武有黄埔"之美誉。百年前的上大以"养成建国人才，促进文化事业"为办学宗旨；而今日之上大以"养成强国济世人才，促进社会文明进步"为使命，以"自强不息，道济天下"为校训，勉励着一代又一代上大人在时代浪潮中奋勇前进。

寻先辈足迹，品读百年校史。身为一名上海大学23级本科新生，我在参观校史馆的过程中收获颇丰。正如沈雁冰先生所言，"执笔为剑，书写时代华章"；亦如钱伟长校长所言，"国家的需要就是我的专业。"百年上大，红色学府——我将时刻铭记"自强不息，道济天下"的校训，始终秉持"先天下之忧而忧，后天下之乐而乐"的价值追求，认真做好每一件小事，不断提高自我综合素养，努力成为一名强国济世的人才，为国家、为世界作出我的贡献。

高中生活固然值得怀念，但大学生活正等待着我继续探索、发掘。作为上大这棵参天大树的一片小叶子，上大带给我许多惊喜：在上大的生活不只是学海泛舟，更是一段丰富多彩的旅程，是个人成长、发展和探索的重要阶段。在上大求学的第一年，我学到了丰富的专业理论知识，接触了各式各样的体育运动，结识了不同年级不同专业的朋友，掌握了一项项实用技能，更好地认识了自己、发现了自己、锻炼了自己，更好地为踏入社会、踏入职场奠定了基础。

始于盛夏，SHU于上大。上大带领我走向更广阔的世界，即将陪伴我走过一个又一个春夏秋冬……

我和上大的故事已然开篇，未完待续，敬请期待！

我与上大的故事

社区学院　陈祖淇

陈祖淇

时光荏苒，转眼之间我已经在上海大学度过了一个学期。作为一名大一学生，我怀揣着梦想和希望，踏上了这片充满红色历史的土地。在这里，我结识了许多优秀的师生，参加了丰富多彩的课外活动，也积累了宝贵的学习经验。回首过去的日子，我感慨万分。新征程，再出发，共青春，擘未来。我希望借助这个平台写一写专属于我的上大故事。

上海大学有着深厚的红色底蕴，这里的一砖一瓦都诉说着革命先烈们为民族独立、人民解放而英勇斗争的事迹。1922年10月23日成立的上海大学，是中国共产党创办的第一所正规大学。早在入学以前，我就已经听说了"文有上大，武有黄埔"的名号。作为一所在各个方面有着卓越成就的优秀大学，上海大学格外注重培养学生们对学校文化的认同感。在我们新生入学的第一天，学校就开展了一系列让我们深入了解上大校史的活动。通过观看讲述学校历史和成就的视频以及参观校史馆，我知道了早在民国时期，学校克服种种困难，艰难办学，吸引四方热血青年影从云集，为中国革命和建设汇聚、培养了一大批杰出人才，赢得了"北有五四时期的北大,南有五卅时期的上大"的美誉。学校以"自强不息,道济天下"的校训激励着一代又一代的上大人,为国家的发展贡献着自己的力量。在我看来,无论是在过去、现在抑或将来,上海大学都是名副其实的人心所向。如今作为一名上海大学的学子,我深感荣幸与自豪,同时也深知自己肩负的责任和使命。

在这里,我深刻体会到了学校发展的日新月异。校园里的高楼大厦、现代化的教学设施、优美的绿化环境,都让我感受到了上大的雄厚实力和勃勃生机。享有"宝山区第一人民公园"称誉的上大校园,是周边居民结束了一周忙碌后散心的不二之选。深秋之时,上大第二十一届菊文化节如约而至。"秋之韵""勇立潮头""泽畔东篱"等16个菊花立体景观成了人们最热衷的"打卡点"。本届菊文化节以"奋进新百年 启航新征程"为主题,布展将上大精神、家国情怀和菊文化相融合。4.6万盆菊花齐开放,这样壮观绚丽的景象让我深感震撼。菊花节期间,正好是我们秋季学期的期末周,在经历了一整天忙碌的复习和考试之后,我常到大草坪走一走,呼吸一些新鲜的空气,和朋友一起散散步、聊聊天、赏赏花,沐浴在花香之中,洗去一身的疲惫。这些年,学校在学术研究、国际交流、产学研结合等方面取得的成果也让我为之振奋。我相信,在这片沃土上,我一定能够实现自己的梦想,成为一名对社会有用的人才。

在上大,我有幸结识了许多学识渊博、治学严谨的老师。他们既是我的专业导师,也是我的人生引路人。他们用自己的学者风范、治学精神和教书育人的理念,为我树立了榜样,帮助我成长。在他们的帮助下,我也正学着从高中思维逐渐过渡到大学思维,学着写论文、做汇报,即使有时候思路并没有那么清晰,老师们也会谆谆教导我,给我提出很多宝贵的建议。此外,辅导员也是我成长道路上的良师益友。我无比幸运地遇到了一位思深忧远的辅导员。他认真负责,热心关爱,帮助我们解决各种困难。在生活中,他关注我们的生活琐事,当我们遇到各种"疑难杂症"时,他总能及时帮助我们解决;在学习上,他鼓励我们积极参加各类竞赛和活动,提升自己的综合素质,也会组织各种活动来丰富我们的课余生活;在思想上,他引导我们树立正确的世界观、人生观、价值观,努力成为有担当、有道德、有责任感的新时代青年。

在上大，我遇到了一群志同道合的同学。他们勤奋好学、积极进取，与我一起在求知的道路上砥砺前行。我们一起上课、一起讨论问题、一起参加活动，共同成长，结下了深厚的友谊。在上大，我还加入了学生会。学生会的生活多姿多彩，充满了挑战与成长。在这个大家庭中，我结识了很多优秀的学长学姐，他们教会我制作宣传海报、剪辑视频、写活动策划案，等等。我也参与组织了很多活动，不断地锻炼着自己，在这些需要多人合作的工作当中，我也学着去与其他部门的同学进行精简有效的沟通和协作，培养了团队精神。在不同的活动中，我担任着不同的职务。我和其他干事们一起设计过海报，制作过推文，也策划过活动，这锻炼了我的领导能力、沟通能力和解决问题的能力。身边的同学们各有所长，有的擅长学术研究，有的擅长文艺表演，有的擅长体育竞技。在他们的身上，我看到了青春的活力和激情，也看到了上大精神的传承与发扬。与他们在一起，我收获颇丰。我相信，在未来的日子里，我们一定会继续携手前行，共同创造美好的明天。

在上大，我有着丰富多彩的校园生活。这里有丰富的课外活动，志愿文化周、校园歌手大赛等，有上百个类别各异的学生社团，有广阔的社会实践平台，为我们提供了展示自我、锻炼自我的机会。我曾加入学校的棒球社，在那里感受到了有着共同目标与梦想的热血青年的澎湃激情，与他们一起在最好的年纪肆意挥洒着青春的汗水，他们热爱棒球，满腔热血，为了同一个目标一起努力，在他们身上，我看到了"青春"一词变得具象化，他们就是青春。我也曾参加过志愿者活动，和一群有着无私奉献精神的同学们一起不遗余力地为社会贡献自己的力量，尽管很累，但大家都觉得很开心……在这些活动中，我不仅锻炼了自己的能力，也收获了成长和快乐。正是这些丰富多彩的活动，让我的大学生活无比充实，这也是我所向往的大学生活。此外，校园里的美景也给我留下了极其深刻的印象。秋天的银杏、菊花以及校园里各种各样的绿植，都让我感受到了大自然的美好。在忙碌的学习之余，我常常漫步在硕大的校园里，欣赏着校园里的每一寸美景，享受生活的乐趣。黄昏之时，我独自漫步在泮池边上，感受着学校晚霞的温暖拥抱。红霞映照在池面上，波光粼粼，宛如一幅美丽的画卷；微风吹过，带着一丝丝清凉，让我心旷神怡；泮池边上的树木在晚霞的映衬下,宛如一幅剪影,静谧而优雅。我想,无数上大学子也一定如我一样陶醉在这样一个梦幻般的世界里吧。

　　作为一个远在外地读书的游子,身在异地,我也从未感觉到孤独。这都得益于上大特殊的社区化管理和书院制度。学校给我们每一个人都配备了一位全程导师,有效地避免了我们陷入信息闭塞的窘境,我可以向我的全程导师咨询生活、学习方面的各种问题,让我能够很快适应学校的生活。这些制度都让我体会到了学校对我们外地学子的关心与培养,我也很感谢上海大学给予我这么多的帮助。

　　在上海大学度过的这段时间里,我收获了知识,收获了友谊,也收获了成长。站在新的起点上,我将带着母校的深情厚谊,业师的教诲嘱托,同学的青春记忆,以更加坚定的信念,更加务实的态度,为实现自己的梦想而努力奋斗。

　　新征程,再出发,共青春,擘未来。我相信,在上海大学这片沃土上,我一定能够成长为一名有理想、有担当、有作为的新时代青年,为国家的发展贡献自己的力量。让我们携手同行,共同书写属于我们的上大故事,让我们一起为实现中华民族伟大复兴的中国梦而努力奋斗!

"预"见上大,奋斗绽放

社区学院　古丽米热·买司地克

"上海大学"这四个字,刻在我高三书桌上的醒目位置,在我学习路上遭遇难题、几乎泪眼蒙眬之际,它是我坚持下去的力量;在我生病住院、意志消沉之时,它是我重燃斗志的源泉,我无时无刻不在憧憬能成为其中的一员。高考填报志愿时,我没有任何犹豫就选择了上海大学,仿佛命中注定,我们彼此选择了对方,这段双向奔赴,让我如愿得来了个与上海大学五年的"约会"。

古丽米热·买司地克

五年说长不长,说短也不短。记忆中的那一天,炙热的阳光如同熔银般倾斜而下,在这样一个热烈而喧闹的日子里,我踏进了上海大学的校门,学校里非常热闹,仿佛节日一般,人声鼎沸,笑声和谈话交织在一起,奏响了一首充满活力和希望的交响曲。我拖着"仨轮子"的行李箱走在树荫下,心中涌动着对未知的期待和成长的渴望。我沉醉这无尽的美景和热闹的社团活动当中,不知不觉从北门走到南门,汗水湿透了衣背,那天我记得刚下飞机就赶到学校,还没来得及吃饭,当我到摊位报到时就见到了我预科的班主任郭建忠老师,他得知后就剥核桃给我吃,从那时起我就感受到了上大的温暖。在以后的生活中,我渐渐把上大当作了我在异乡的另一个家。

夏天炎热而充满活力，阳光透过茂密的树叶，洒在我们来自祖国的各个地方，我们少数民族同学一有空就会聚集在我们的家——A301。在那里，我人生中第一次与这么多来自不同民族的朋友共同学习，我们带着各自的文化背景，汇聚在这个多元的班级，这是一件非常珍贵的事情。尽管当时疫情阻挡了我们团聚的脚步，但它无法阻挡我们团结的心。接下来的日子里，我们开始逐渐适应在上大的生活。

在预科班的日子里，我们有着热情体贴的郭老师，无时无刻像一位父亲一样关心着我们；有着与我们同为少数民族的孜尔碟老师，平日里她会像一位姐姐一样陪伴着我们。在学习中，我们有着能说会道的陈秀猛老师，含蓄温柔的张岚老师在英语学习方面给予我们全方位的指导，让我们勇于表达和尝试；在烧脑的微积分课程前，我们有着悉心教导的毛雪峰老师，他总能在我们遇到难题时出现，为我们细心解答；在复杂难懂的计算机语言前，我们有和蔼可亲的马骄阳老师，马老师上课时担心我们难以理解，多次放慢节奏，手把手地教我们如何编辑……预科学习中还有很多老师都给我留下了深刻的印象，他们细心体贴无时无刻不为我们着想，我们相处得如同朋友一样，一起交流分享上海的美景和美食，他们也是我在异乡的"家"的亲人。

在紧张而充实的学习生活之外，我们的课余生活同样丰富多彩，充满了欢声笑语。我们一起在学校举办的体育节上挥洒汗水，我们一起迎接过南汇嘴观海公园黎明的第一缕阳光，一起探索过中国航海博物馆的奥妙，一起站在上海的最高建筑上俯瞰这座城市的繁华，一起在上海的三月追寻过春天的足迹，一起去3D打印文化博物馆感受了科技的魔力，一起在嘉兴海盐县实地考察了"千万工程"塑造的美丽乡村。

最让我难忘的还是我们共同策划和参与的民族文化节，这个让我们所有民族团聚一堂的盛宴。民族文化节前的三个月，我们就开始紧锣密鼓地筹备了。在老师的带领下，一部分同学参与文艺表演部分的朗诵、舞蹈，一部分同学准备少数民族展台的采购，我们怀着高昂的热情和展示民族文化的自豪投入其中。在活动当天，我们早早到达，开始精心布置着我们展台，当同学们怀着好奇的心来到展台时,我们的同学自信地回答并教授我们各自民族的语言和舞蹈,讲述着民族传统故事,现场洋溢着和谐欢乐的气氛。我很感谢上海大学这个宽广的平台,让我们在这里自信且自豪地展示少数民族的文化和特色,打破了他们对我们"骑骆驼上学"的刻板印象,为同学们提供了了解少数民族的途径。

预科生活转瞬即逝,仿佛还是昨日的事。如果你问我在预科时期获得了什么,我可能会回答:我不仅学习到了知识,更获得了温暖、爱、亲情、自信、乐观……我真的很感谢在预科班的这一年,我非常爱上大,回首这段时光,有泪水,有欢笑,有挫折,也有收获,我们曾在晨光中奔跑,在星光下奋斗,每一个日夜都铭刻着我们的青春与梦想。

预科结业后,我也在预科中心担任学生助理一职,每当回望这段时光,我都会跟学弟学妹们说一定要好好珍惜。有时我也会参加预科班的活动,每每来到那里我都是情不自禁地开心起来,就像是跟家人们团聚一样,那里,已经成了我在校园中一个随时可以停靠的港湾。

对于这一年,我满怀感激。感谢每一位与我同行的人,感谢每一位老师无私的奉献。我将这份深深的感激铭记在心,带着更加坚定的步伐,继续在人生的道路上前行。

感恩这段美好的时光,它将成为我人生中宝贵的记忆,永远熠熠生辉。

初升的骄阳照亮上大前方的路

社区学院　伱米然·库尔班

于我而言,踏入社会前的必经之路,是大学。我的社会启蒙老师是上大,我在这里磨炼了人格、意志,养成了优秀的道德品质。上大有很多美丽的景色,我刚踏进这个校园就被郁郁葱葱的绿植所吸引,被那扑面而来的书香所陶醉。

在上大,随处可见绿油油的花草树木,每当上课途中经过这样的道路时,总会有提神醒脑的感觉,这里的每一棵树、每一株花都显得那么有精神,像是每隔一分钟就会被精心呵护一番,在这样美好的环境里,让人的心情也不由得变好了起来,尤其是上早课时,拖着刚苏醒的身体去上课总会或多或少地有些抵触情绪,但是这些绿植总能给人安慰,因为无论寒冬还是烈阳,它们总是那么的精神焕发,自己要是不打起精神,还真有些格格不入了呢。

伱米然·库尔班

虽然只是在上大生活了不到一年的时间,但这里的一草一木,一花一石、一砖一瓦,都让我感到亲切,都值得我留恋和爱抚。

我喜欢这里遮天蔽日的樟树,喜欢它那清新的带着点香味的独有的气息,它们安静地散落在空气里,等待着年轻的生命去欢畅地呼吸。我最爱阳光下的那些美丽的叶子,那层层叠叠的绿色,像是裹着轻纱的梦。

我喜欢这里的小池塘,经常会拿一些小饼干喂鱼,它们争着抢食的样子实在可爱。当然,也有人把池塘当许愿池来用,考试之前的日子,小池塘是非常热闹的,希望小鱼们不要把硬币当食物吞了哦!

我也喜欢小池塘边上的树,它们的枝叶团在一起很像一根根巨大的火柴,顶部修剪成圆球形后真的自然又可爱,雪后的它们,看上去像是一个个诱人的抹茶冰淇淋,让人忍不住想冲上去咬一口。

喜欢上大那复古的画室,那些斑驳的墙体上,画满了各种有趣的小图案,还有从前的学长学姐们留下的痕迹。

我喜欢上大的夜晚。若是有夜课,你便能领略到上大夜晚的独特韵味。春秋两季的夜晚是动人的。风一阵阵地吹得树叶簌簌作响,不时在树丛里呼啸,一会儿又旋着林荫道上落叶。蒙蒙细雨的夜里,头顶上笼罩着漆黑的、朦胧的天空,但是在这片朦胧后面似乎仍然有着月亮或星星,一簇簇的树木也好像是一个个朦胧的黑点,它们的潮润的边缘和天空融为一体,仿佛是融化在天空里……

上大的美提不尽,讲不完,只有身临其境才能感受得到;上大的美,有着取之不尽的能量,让我们这些年轻的花朵茁壮成长。

苔花如米，开似牡丹

外国语学院　陆潇蓉

时间倒退回2023年8月22日。那天，我第一次踏入上海大学的校园。天公不作美，从下午便开始下起了雨，浇得人内心也灰蒙蒙的，作为故事的开头多少有些扫兴。彼时的我未曾想到，未来的短短四个月，我将在这里留下弥足珍贵的回忆。

七月底至八月的某一天，我收到了上海大学寄来的录取通知书。

从外面的快递袋到里面沉甸甸的盒子都染了红色，盒子上印着八个苍劲有力的大字——"自强

陆潇蓉

不息，道济天下"。一层层拆开了里面的内容后，我才发觉最底下压着一本画册，是记录着上海大学这百年来的发展进步的一部"史书"，配有中英文字以及各类照片图像，内容生动而翔实。我细细地翻阅，深切体会到上大这百年来创下的无数辉煌与成就。

上海大学的发展经历了几个重要时期。从1922年国共酝酿合作之际定名到1927年被国民党当局封闭，上海大学在这短短五年内已培养出了大量爱国人才、践行着红色学府的使命；在各方人士的努力下，上海大学也在为复校

做出努力;直至1958年到1960年,为了顺应工业发展,上海科学技术大学、上海计算技术学校和上海工学院成立,并在1983年和上海市美术学校合并组建成上海大学。上海大学从创立、合并到发展,始终跟从着时代需求,与城市发展脉搏相连。如此想来,我似乎理解了为什么录取通知书采用红色作为主色调,它代表的是上大学子的一份赤子之心,更是上大的精神体现。

如果说在那个时候我只是从书面上了解了上海大学的历史,那么开学后第二周,我便是亲身去体验了。

第二周的活动课上,辅导员组织我们学院的大一新生与高年级学长学姐去参观钱伟长图书馆三楼的钱伟长纪念馆与校史馆。我们四五个人分成一个小组,顶着烈日来到了图书馆三楼,一幅宏伟的历史画卷在眼前徐徐展开。

我至今印象深刻的是纪念馆里播放着钱伟长校长从前的录像的一块电子屏。电子屏虽然没有那么大,影像却足够清晰。当看到钱伟长校长的面容如此生动地展现在我眼前时,我一时失神。

"先天下之忧而忧,后天下之乐而乐……"我反复默念着这句话,站在电子屏前默默看完了这位我素未谋面的校长的生平。不擅长理科的他为了报效祖国毅然从文科转到理科,并最终成为当时物理系成绩最好的学生之一;面对在国外如日中天的事业,他却选择了回到祖国,为国效力。钱伟长老校长的一生不正是对"先天下之忧而忧,后天下之乐而乐"和"自强不息,道济天下"的最好诠释吗?我在脑海里想着,直到一抬头看见大部队马上就要离开,才匆忙跟了上去。我对这段经历一直念念不忘,我认为这是一种怀念,也是一种追求:我应当以这样的上大精神为引领,才能不偏离道路、不偏离本心。

大学生活于我而言是一段全新的征程,好在有这份信念支撑着我,我才得以不断前进。

桃李不言,下自成蹊。

说起大学老师,我的第一印象是严肃古板的。

但我所在的外国语学院的老师们则不然。反之,尽管各个老师之间讲课风格不同,但相同的是他们都很有趣,且对每一位学生都怀着善意。

第一学期时,教我们综合英语课的是L老师。L老师在课上不仅会讲课本里的内容,还会为我们讲许多基于课本拓展出去的文化背景知识,对于当时没怎么了解过外国文化的我来说,可谓受益匪浅。现在回想起来,L老师的综合英语课是真正从头到尾贯彻着"综合"二字的。我时常庆幸自己在刚进大学时就接触了这位老师,因为他用自己的讲课风格生动地向我展示了语言的用处——这不仅仅是一项技能,更是连接世界文化的桥梁。

当然,我还要说一说教语法的Z老师。Z老师在学术方面严肃认真,但对学生却是以鼓励为主。她曾在课上不止一次地向学生提出不要拘泥于课本上的或者她说的内容,要敢于质疑才能进步。有时我上课前十几分钟就提前到教室,总能看见讲台上她和学长学姐们热烈地探讨问题。比起语法知识,我想她教给我更多的是正确的学习方法和态度,这应当是受益终生的。

还有刚见面时会觉得很严格的W老师,但上了几节课后你便能发现她对学生的关心:她会鼓励学生来面批作业,讲作业的同时不忘问两句学习状态和学业问题;虽然她有时会说要批评我们之类的话,但最多也是点到为止,从不会有过于严厉的措辞。系里的老师们大多有这样的特点,即给予学生的不仅仅是知识,更多的是人文关怀与人生指引。正如上海大学这所百年学府的学风一样,系里的老师们都兼具作为学者的博学多才与作为师长的关怀备至,这使我感到由衷的幸运。

早在高中的时候,我就对学校偶尔开设的志愿服务产生了许多兴趣。因此,在进入大学以后,我几乎是第一时间就去参加了我校青少年志愿者协会(青志协)的面试,也非常幸运地通过了两轮面试,成为宣传部的一员。

在部门里,我不仅能学到秀米排版、Ps制图、撰写文案之类的诸多技能,更有趣的是参加协会或部门内部组织的"团建"和志愿活动。

青志协每隔几个礼拜就会组织一些特定主题的"寻宝"活动,抑或协会大例会之类的汇报项目。我至今还记得,在我上学期参加的某次大例会上,一个部门代表掐着嗓子学着我们协会吉祥物"Yovo"的声线给出了他们部门的报告,逗得台下的人前仰后合。这些可爱的同学们与丰富的活动早在不知不觉中拉近了所有人的距离。每周固定值班的时候,大家看到其他部门的人来办事或是路过,都会相互之间打一声招呼。协会的大群里也常有人开开玩笑、互相问好、分享些日常琐事。这种友好的氛围时常让我深受触动。

在青志协的组织下,我也报名参与过不少志愿活动。其中令我印象最深刻的一次是在环球港,当天有一个登高大赛,我负责在前台为参赛人员分发礼包。这工作算是所有岗位里相对比较辛苦的,需要一直站着和别人沟通解释,手上还要整理好礼品再核对交出去,一旦忙起来一个小时都不一定能坐下来休息。尽管如此,我却觉得很值得:以前的我性格内向,很少有这种能为社会服务的机会,但那次的经历却让我自信了许多,让我感受到自己的语言组织能力和动手能力原来也没有那么差。这期间还发生了一个小插曲,有两位外国友人前来问询,我也用英语与他们沟通了,并在一旁老师的帮助下很好地解决了问题。能用自己的专业技能为团队乃至社会作出贡献,是一件很令我激动的事。

正是因为有上大精神的支撑,有同学、老师们的陪伴,有青志协这样能磨练自身的平台,原本不起眼的我才能在这里开启新的征程并不断进步——正如那句诗所说,"苔花如米小,也学牡丹开"。在未来的四年青春时光中,我定将带着这些珍贵的感情与信念,不断攀登,共创未来。

我在上大挺好的

社区学院　王歆语

王歆语

> 我们都喜欢执着于过去,可能永远也不会穿的旧衣服,占着内存却舍不得删掉的老照片,还有偶尔会在无眠的夜里想起的人……这些对过去美好的留恋,更多是因为对未来的不确定,但过去毕竟已经过去了,我们都应该试着学会告别,往前走吧,勇敢一点。
>
> ——题记

考上了,我考上了

数载寒窗苦读,一朝圆梦上大！虽不像范进中举后喜极而疯,但收到录取通知书的那一刻,喜悦涌上心头,也不免欢欣雀跃、奔走相告,思绪也渐渐涌动：交卷时的平和释然,对答案时的紧张忐忑,选专业时的纠结犹豫,最后收到录取通知书时"早有预料"的激动。"书"轻情意重,这不仅是一纸文书,更是对我前十八年学习的肯定,兑现了我这个土生土长的上海小囡,在耳濡目染下对上海大学一直以来的憧憬期盼,实现了成为其中一名学子的梦想。命运的齿轮开始转动,此时的我已踏上新的征程。我郑重地收起录取通知书,心中大喊:"上大,我来了!"

或行或止,难得人间相聚喜

上大很贴心地给各位新生匹配了一名导生,以便让我们更快适应新环境。我的导生学姐在开学前就主动联系我,认真详细地解答了我关于入学前事项、报到事项以及之后的选课、买书等的疑惑。当我们一家三口带着大包小包的行李站在人声鼎沸的宿舍区门口茫然无措、晕头转向时,骑着自行车火速赶来迎接我的学姐仿佛天神降临,热情的志愿者学长用推车帮忙将行李推至宿舍楼下。学姐带着我有条不紊地到各个点位完成各项手续,在前往宿舍楼的路上,还热情地找话题不让我感到尴尬。可惜最后我翻尽书包,也只找到一颗咖啡糖作为给学姐的谢礼。随着我逐渐熟悉校园生活,学姐开始了大二的学业,我们之间的交流越来越少,聊天框久久没有动静。"萌新"与"导生"因彼此的角色而相遇,看似在角色身份淡化后会渐行渐远,但我相信,始终有一根无形的丝线将两者联系在一起,细腻又柔韧,象征着友谊,传递着关心、帮助与理解,可能是动态里的一个点赞,可能是偶尔碰面时的点头微笑,可能是一方遇到困难时另一方伸出的援手……我为这场短暂的相遇而欣喜,这位独特的"引路人"将在我的上大记忆中熠熠生辉,这份情谊将在上大人之间代代相传,让每个跨越山海的学子在他乡异地感到家般温暖。

路修远以多艰兮,腾众车使径待

"大学的校园都那么大吗?!"开学前接连几天的新生教育课,让疲于奔命的我欲哭无泪。暑假里,父母很有先见之明地让我好好练习骑自行车,因为我的水平仅限于曾经骑着儿童自行车满小区溜达,成人自行车是一次也没骑过,在大马路上骑车更是没有的事儿。正值盛夏,抵不过白天的高温,也挡不住夜晚的蚊虫叮咬。于是,我潇洒地挥挥手:"不会骑车也没事,我走路,就当锻炼身体了。"没想到才几天,就让我走得够呛。上大的校园竟然这么大,每天从宿舍到教学楼,再从操场到各个社团,每趟都那么远。有一次记错了路,竟走到了校园中一个完全陌生的地方,最后还是靠手机导航才找到了教室,走了好多冤枉路。于是痛定思痛,到宿舍区的修车铺买了辆二手自行车。感谢朋友们的加急特训,让我能在短短两天内完成平稳骑行的艰难任务。一路上,我小心翼翼地汇入车流,惊而不慌,手忙而脚不乱——毕竟很多时候需要靠脚来刹车,终于,生平第一次骑上大马路,并且安安稳稳地骑到教学楼。接着,我甩了甩僵硬的手,搓了搓紧绷的脸,这才迈开因为紧张而有点发酸的腿,缓慢地平复着心跳,走进教学楼。

于道各努力,千里自同风

选课,需要但不仅限于兴趣、特长、运气、手速等,当然,还必备一个重要的外援——选课小本本。经历了两次选课,变的是时间、课程,不变的是一个寝室在"教学一览"和"选课小本本"间的反复,面对五花八门甚至有些"不明觉厉"的课程,"选课小本本"的评价有一种接地气的踏实感,一时间翻书声、打字声、叹气声、哈欠声不绝,窸窸窣窣,敲敲打打,力求鱼与熊掌兼得,排出最满意的课表,到半夜才渐息,结束战斗。但就我的个人经历而言,一轮选课后,只有零星课程"幸存",第二轮选课前我们虽然都已经在电脑前严阵以待,不断刷新页面"捡漏",但还是有几节必选课没选上,只能又开始新一轮的"缝缝补补",并忍痛删除了几门中意的课程,继续一一比对时间,三轮选课结束,我看着已然"面目全非"但也挺满意的课表,萌生出了一种成就感。唯一遗憾的是我们一个寝室的人大部分的课程都不一样。于是我们四个女生白天各奔东西去上课,晚上有时也各奔东西去上课,只有很少的时间能聚在一起,想象中的"互相帮忙带个饭,勾肩搭背一起去上课"是不存在的。只有临睡前那段时间,才是属于我们共同的闲聊时光。不过这也让我扩大了交友圈,缘分就是那么奇妙,确认过眼神,就能从人群中找到那个合拍的搭子。和各科搭子一起讨论学习,一起去食堂寻觅美食,一起在操场跑步打卡,让我与室友分开的校园生活不再孤单。

黄发垂髫并怡然自乐

　　金秋十月,丹桂飘香,上大迎来了一年一度的菊花展。美景自然不能被辜负,我也去观赏了一番。来到菊花展处,看着这熙熙攘攘热热闹闹的场面,我不禁纳闷:这是到了公园吗?不说那千姿百态、争奇斗艳的菊花,只说那老老少少的八方游客,或驻足潜心观赏,或拍照留念,更有那孩童在草地上恣意打滚,好一幅秋游图啊!怪不得上大有着"宝山区第一人民公园"的雅称,果然名不虚传。"同学,能帮我们拍个照吗?"不时有游客拿着相机或手机寻求帮助。我欣然点头:我可是上大人,当然要让游客感受到我们上大的热情!在"泮池观鱼"那儿常常会聚集一群游客,吸引他们的不仅是石桥上那新颖别致的装饰,更是泮池里那一尾尾让他们赞叹的锦鲤。这群肥硕的,或红白相间、或通体金黄、或乌黑如墨的大锦鲤,"皆若空游无所依",悠然自得、摇头摆尾。不远处,几只白天鹅"曲项向天歌",自顾自地在水面上歇息。岸边的鸽房,鸽子们凌空腾飞,扑棱着翅膀,降到草坪上踱步。我已沉醉其中,从里到外都是这满园秋色。

君子养心莫善于诚

　　"诚,信也。"古有"路不拾遗,夜不闭户",而在上大,你时刻就能体会到这种"盛况"。食堂里,一开始我背着大书包排队买饭,一等就是好几分钟。后来发现大家都随意地把书包放在凳子上,有的甚至把手机、钥匙等都放在桌上,轻装上阵排队买饭。于是,我也开始放心大胆地把书包放在座位上,不再担心书包里的东西会被人拿走。如果掉了东西,那就原路去找找,可能就有好心的同学看到了,替你放在附近的花坛上,以免被压到,或者在学校网站的校园墙上发帖寻找失主,或者放在食堂等地的失物招领处。"诚,纯也。"荀子认为想要成为君子,就必须陶冶情操,而最好的方法就是诚心诚意地对待每一个人每一件事。无论是早起晚睡时放轻手脚、刷卡进宿舍楼时帮后面的同学抵一下门,还是认真完成作业、自觉诚信考试……都说大学生"清澈愚蠢",但这正是这一代年轻人"知世故而不世故,历圆滑而弥天真"的真实体现,我们选择明亮单纯、真心待人,相信美好,相信希望,也自能分清是非黑白,没有怀抱理想而不谙世事。上大就如同一个世外桃源,守护着学子们可贵的"真善美",在这里,心灵也会变得纯净。

追风赶月莫停留,平芜尽处是春山

"北有五四时期的北大,南有五卅时期的上大。"上海大学这所积蕴百年的高等学府,因红色浪潮而生,乘科学浪潮而强。在网上常常看到这么一句话:可能你在大学遇到的老师,是你这辈子所能见到的最牛的人。果然如此!前不久,为了完成漆画课的作业,我去参观了上海海派漆器艺术馆。在那里,我边欣赏美轮美奂的漆器漆画,边听讲解员介绍这一非遗艺术品的知识,然后就非常震惊地听到上大美院的金晖教授在漆画这一领域有着举足轻重的地位;而就在前几天,上大"精海"无人艇团队的程启兴和鲍凌志两位教师携"极测1号""极测2号"两艘无人艇出征第40次南极科考……这样的例子不胜枚举,作为上大学子,我们都为此而骄傲。有了老师们的榜样在前,我们又怎能不奋发向上?正如录取通知书上写给我们的寄语:每一名上大人都应当成为晨曦中的赶路人,更上层楼的攀登者!上大是我种植理想的沃土,上大也给了我实现理想的信心!建校之初,前辈们在炮火与硝烟中传播知识与真理,百年之际,新一代上大学子赓续红色基因,再创上大辉煌。而我也将牢记上大"自强不息,道济天下"的校训,勤耕不辍,砥砺前行。

文章到这里就结束了,我与上大的故事未完待续。放下笔,打开窗,走到阳台,喜生活明朗,看万物可爱,知未来可期。

我在上大挺好的。

我听到花开的声音

社区学院　王在希

都说旭日东升,抬头一望便是云路迢迢。脚踏入上大校门,抬眼便是前路浩浩荡荡;走在泮池旁,所感所见皆是百年的文化底蕴,依稀是以清风作手拂发,我听见花开的声音,我听见花诉说的声音。并非刻意,走入上大的那一瞬,时光倒转,我看见了在寒冷冬日执笔写字的身影,看见了录取通知书上的白玉兰,也看见了未来的一片坦途。

"上善若水,海纳百川,大道明德,学用济世"十六个字是我对上大最初的印象,也由此开启了

王在希

我对上大无限的好奇与向往。我开始一点点了解这所红色学府。百年前,中国共产党创办了上海大学,无数当时的热血青年走进校园,用自己的力量推动中国革命的巨轮。

"文有上大,武有黄埔""北有五四时期的北大,南有五卅时期的上大",我们仿佛回到了那动荡的年代,看见了那些心里有火、眼里有光的青年。胸中有丘壑,可以踏山河,无数的优秀青年走进上大,又从这里走出去。无数为国捐躯的烈士也永远留在了这片土地并久久被人铭记。"溯园"好似年轮一圈又一

圈绕不出我们的回忆,回溯在我们的脑海中,为一批又一批奔赴这里的新青年指引着方向,为我们提供着生生不息的力量与勇气。"为天地立心,为生民立命,为往圣继绝学,为万世开太平"是他们毕生所追求的,也是我们要不断努力的。

从此,一颗种子埋在了我的心中。一次高中的语文阅读,我读到了瞿秋白先生的故事,一瞬间我仿佛透过卷子上冰冷但又有温度的文字与先生进行了跨越时代的对话。

我看见他高呼着"中国共产党万岁"的口号;我看见他主持会议,作出重大决策;我看见他无畏生死,英勇就义,为革命事业献出生命。我仿佛亲身走进他的生活,感受着他在初任上大教务长时的热情和在文学道路上且行且歌的平淡日子。最后即使英勇就义,他也还是对世界充满爱与希望,正如他在《多余的话》中所说:"这世界对于我仍然是非常美丽的。一切新的、斗争的、勇敢的都在前进。那么好的花朵、果子、那么清秀的山和水,那么雄伟的工厂和烟囱,月亮的光似乎也比从前更光明了。"

在生命的最后关头,他望向了我,望向了所有的青年,告诉我们:"向前走,别回头。"

高考结束,再次与上大相遇,收到了那封期待已久的印着白玉兰校徽的信。"让每一双热切的眼睛满足渴望,每一个求索的脚步抵达理想,每一段青春的记忆值得珍藏",一段热切温暖的祝福让我感到无比幸福,上大这座充满人情味的学府敞开怀抱接纳了我。它包容,包容着不同性格的青年;它广阔,一百八十万平方米的校园处处都是历史的故事;它温暖,用爱裹挟着我们,引领我们发光发亮。

那颗种子生根发芽,在这片小小净土上,静待一束花开,从此,我们都有一个名字——上大学子。还记得开学典礼前大屏幕上一遍一遍循环播放的上大校史,我认真观看,深深记住了独属于这里的百年历史。身上是印有上大校徽的白色 T 恤,胸前是一抹上大蓝,自此我便与这里紧紧相连、密不可分。我为它的不断发展进步感到深深的自豪,我希望有朝一日它也能因我而增色。

与上大的缘分已经有了半年之久,在这里的每一天我都被浓厚的学习氛围围绕着,让我充满动力。初次步入上大的课堂,每一位老师用扎实的文化底蕴、精湛的授课技巧、幽默风趣的语言让我们沉浸于知识的海洋。最初对这里的一切都感到新奇,清晨走向教学楼,阳光洒在每一个上大学子的身上,步履轻快,前路漫漫亦灿灿,与图书馆前钱伟长先生的雕像对视,脑海一片感慨:"钱老,您看到了吗?"

我坚信吾辈青年定能继前人灯火开后路,燃今我之光踏星河。几十年前,钱伟长老先生像许多同辈的中国科学家一样,在民族危亡之际,选择了科学救国的道路,国家的需要一直是他前进的方向。晚年的他一直致力于教育事业,渴望培养有创造力的年轻人,为民族开拓未来,为中国谱写前进道路。我们生活在如今幸福安定的年代,站在无数前人的肩膀上看世界,相信我辈定能不负先辈所期,让中国昂首踏入世界舞台正中央。

在上大半年的时间里,我感受到心中的种子开了花,散发出阵阵清香,氤氲了这段时光的美好。

但同时我依然因即将承担起的重任而诚惶诚恐,能否成为全面发展的上大学子,能否延续好属于上大的红色基因,能否让上大精神代代相传……从现在起,我将尽自己所能,有一分热,发一分光。作为当代上大学子,吾辈青年定能成为先辈们所期望的样子,在上大留下属于我们的色彩。

沧海横流,岁月成碑。如今,岁月流转,站在泮池旁的我等待花开,回首百年前的今天,脑海中皆是一个个坚韧的身影。此时,落笔成文,抬头一望我看见星河广阔,微风拂过耳畔,心中充满力量与希望。

滴水成海

钱伟长学院　吴骐宇

琴键有限，我心无界。无论何时，这八个字总是如细雨中檐下聚成的水滴，坠入我心中最敏锐的那洼清泉，溅起涟漪，久久无法平息。那个听雨少年也曾和电影中的1900一样站在那条长长的楼梯上，望着连绵不绝，没有尽头的城市，学着他的样子将自己随行的帽子抛入海中。但不同的是，少年没有回头，他走了下去，走下最后一级台阶，从"海上"到上海，他感觉自己成为那一滴水，坠入了一座陌生的美丽学府。

吴骐宇

这座学府和我的相遇仿佛一场意外，又似乎是命中注定，在填报志愿之前我对她知之甚少，但当我真正来到这里，登楼、行路、泮池，一步一景，皆触我心，似旧友重逢，又如知己相遇，无论怎么说都难以道出我与她相遇的那一番灵气与韵味，一日突然悟到上海大学又处处离水不得，而世间唯水最聚灵气、最具神韵，故我便将这场邂逅称作"滴水入海"。

来到这里的第一站，这滴水便撞入了一条鱼的心脏，开始了与这里的共振，这条鱼，是钱老的孩子，字母楼本是鳞次栉比，规矩到单调。但钱老不忍让自己的孩子落入尘俗，更不忍让其独自徘徊、互不往来。那日，钱老在设计图前出了神,身旁人数次唤其吃饭没有得到一声回应,怎么会有回应呢,他的心不在这,他的心正在泮池中翱翔,他现在就是泮池中的一条鱼,停滞、游动、加速、跃起,对!跃起!他终于回过神来,眼前的设计图好像变了,变成了一条正欲跃起的鱼,但它起不来,没有脊梁的鱼怎么能跃起呢!他激动地拿起笔,只一笔,"钱伟长廊"一贯南北,鱼骨状的教学楼有了脊梁,便活了过来,以图书馆为头,字母楼为身,它跃出泮池,跃向世界。

J楼,便是鱼的心脏。我常常嫉妒J楼独得钱老的恩宠,不仅形状与其兄弟姐妹大不相同,其他所有楼身后都拖着一个以它命名的小尾巴。但我理解这份偏心,毕竟那可是心脏啊,它永远不知疲倦地搏动着:本科生论坛、回乡宣讲动员会、各种专家大咖的讲座……还有我踏入这所学府受到的第一次教育,都是在这里进行的。从那时开始,它在我心中就留下了神圣的一面,那日,我便反反复复绕着它走着,如同朝圣一般抚摸着它略显斑驳的外壁,以及依附在其上的绿色的充满生命的血管,看着它的繁忙,来来去去的人影渐渐模糊,我的眼中剩下的是和我一样,渺小的水滴,与我不同的是,他们充满活力,清澈得仿佛可以看得见未来。他们这一颗心脏为始,散去四方,汇成一片海,我回望了它一眼,走向远方。

这个故事还在继续,毕竟就算是童话也不可能一帆风顺。我的初至便遭受到了轰炸——"你们千万不要松懈,每年都有钱伟长学院的同学……""我有看过太多同学了,都是一放就不知道放到哪去了……""真不是吓你们……""同学们加油啊……""钱伟长学院的同学不应该是这样的……""延毕""退学""出院"儿时飘过窗外的恶魔现在轮番于耳边低语,加之粉笔飞舞的声音,同学叹息的声音,路上来来去去从未敢停歇的车流的声音。这片海并不像我想的那么平静安详,每一滴水都在不断流动,试图找到或者已经找到属于自己的洋流,除了我。

我一人像泮池边的柳枝,静静看飞云流水,却只能等风来时,才能触摸到别样的空气。我便开始呼喊,幻想能让路边人将我折下,赠予远行人,带我去看看远处,看看前方。但,人听不见,鱼听不见,云听不见,就连树也听不见……

我从未如此痴迷于文字,但哭喊的声音无人解读,只能写在风中,也许会在人们耳边闪过只言片语。所有的迷惘,苦难化沙,直冲面门,刮进眼,阻断我的视线;堵住耳,禁止我的聆听;塞满嘴,侵销我的话语;直到其扼住我的呼吸……我无法阻止这一切,便保留一切沙粒,凝出一个个字,一首首诗,我写泮池的雨,写上大的霞,写窗边的草,写床边的灯,写她的笑靥如花,写我朝朝暮暮的思念。如同蚌以口中一粒粒珍珠示人,哪怕无人知晓其含沙之时。

但是,我没有想到。有这样的一群人,他们也正是青葱模样,他们就是如此的天真,他们愿意为了那蚌壳中透露出的那一丝似有似无的微光,就义无反顾地去拥抱,也许他们从来不在乎里面的是珍珠还是沙砾,他们在乎的是你的青春是否能如花一般美丽。我永远不会忘记,泮池旁那略显湿润的草坪,迎面吹来的杨柳的风,我们在那里相遇,相遇的原因无须太过于复杂,只是因为文字与音乐,只是为了一个小小晚会上的登场。我们把那首《想去海边》唱了又唱,听得池中鱼儿都有些不满,它们从水面跃起,坠落,激起湖面层层涟漪,持续着渺小的抗议,但这显然不能打扰到我们,反而为那晚又添恬静一笔。

我们带着泮池旁的缘分继续走着,没有因为晚会的结束而走散,我们约定了还要继续唱下去,只不过唱的是只属于我们自己的歌。当然,还有那晚的泮池和新月,那是属于我们的上海大学。

滴答滴答,故事的开始,一滴水滴入海洋,它经历,体悟,它在迷茫与光亮中沉浮,最终与一群可爱的人一起融入这片海。而故事的结尾虽然尚未可知,但是他相信那会是一个美丽如水的结局。因为在这里从来不乏先例,处处是童话的遗迹。这片海有着不尽不竭的水源,它会永远庇护着这些稚嫩但是充满生机的孩子,并且送他们去未来。

那时的我来到这里,只看见了自己坠入海洋,却忽略了,自己早已是它不可或缺的一部分,而且这里还有着千千万万,滴水成海!

你好上大

社区学院 徐瑞

徐瑞

2023年7月26日下午日落时分,天空渐渐地变得柔和,大地像是被染上了一抹温柔的金黄色。在这个静谧而美妙的下午,在爸爸妈妈和邮递员叔叔的祝贺声中,我难掩激动神色,小心翼翼地打开了盼望已久的上海大学录取通知书。苍劲有力的八字校训、上大校徽盲盒、《百年上大画传》、光影纸雕灯、校领导寄语……它们好像都在为我成为一名上大学子而欢喜道贺。三年的寒冬酷暑已落下帷幕,我与上大的故事正悄然开始,在夏日蝉鸣的祝福中,我告别过去的懵懂与青涩,跨越821.5公里,奔赴上大,开启新的人生旅程。

早便听闻,1922年10月23日成立的上海大学是中国共产党主导创办并实际领导的第一所正规大学,曾吸引四方热血青年影从云集,为中国革命和建设汇聚、培养了一大批杰出人才,彼时享有"文有上大,武有黄埔""北有五四时期的北大,南有五卅时期的上大"的盛誉,有着延绵不绝的红色血脉和百年传承的红色基因。于是进入上大后我便踏上了寻根溯源之旅,来到了上大的标志性建筑之一——溯园。溯园以大事年表的形式演绎了老上海大学从建校、发展、变迁，直至被迫关闭的过程。凹凸不平的碎石小路和高低起伏的环形墙体诉说着老上大的光荣历史和峥嵘岁月，也诉说着我们党风起云涌、波澜壮阔的革命之路。我走在园内的青石板上，抚摸着再现经典场景的浮雕，读着墙面上振奋人心的名字：于右任、瞿秋白、邓中夏、陈望道、蔡和森……我仿佛跨越时空，与先贤对话，与那个时代共鸣。走出溯园，回望来时路，我内心久久不能平静。如今，上海大学已走过百年征程，但上海大学的革命精神依旧激励着每一位像我一样慕名而来的学子，激励着我们继往开来，争创一流。

恰同学少年，风华正茂，书生意气，挥斥方遒。上海大学为党育人，为国育才，为学生们提供了各种充实自我、提高综合素质的机会和平台。正式开学前，一纸新生服务社招募令让来自五湖四海的上大小萌新们聚到了一起。我们朝气蓬勃，活力四射，怀揣着同样的追求与向往，提前踏入上海大学，走进新生服务社。在开学的几天时间里，我们承担起迎新的工作，帮助新同学们搬运行李，为他们指路答疑，我们互相鼓励，配合默契。尽管在八月毒辣的太阳之下汗水打湿了大家的衣襟，同学们的一个微笑一声感谢便能让大家心满意足，甘之如饴。迎新过程中，成旦红书记视察时向我们的小伙伴提出了一个问题——你们帮助的是哪些人？一位女生的回答直击我的内心，她说："我们帮助一切需要帮助的人！"我想这就是上大学子的风采吧！虽然她的样貌已经在脑海中模糊了，但我知道，她和许许多多的上大学子一样，眼中有星辰大海，胸中有万千丘壑。三天的相处时光稍纵即逝，却给我留下了一生难忘的回忆。在这次迎新活动中，上大赠予了我第一份礼物——奉献的品格。

时间过得飞快，不知不觉间，我已经在上大度过了近两个学期。为了促进学生的全方位发展，上大为学生们提供了丰富的通识课程，促使学生们找到自己真正兴趣所在。我们在学习知识、增长见识中感受上善若水；在各种各样的通识课上与来自各国各地区的学生进行探讨交流中感受海纳百川；在老师的谆谆教诲中感受大道明德；在参与各种志愿和宣讲活动中感受学用济世。半年前，我怀揣着法律人的理想来到上大，半年过后，我实现理想信念更加坚定，前进的脚步更加坚实。在这半年之中，我广泛地参与学校提供的多门法学类通识课程，希望为进入法学院后的专业课学习打下基础。此外，上大法学院还提供了丰富的讲座等学习资源,邀请校外的优秀专家学者和法律从业人员为那些热爱法学的上大学子授课。在各种讲座和法学通识课上,我遇到了与我志趣相投的伙伴,我们因为有着对正义的向往和对法学的热爱而相识相知。我们一起参加全国大学生模拟求职大赛,写下对自己未来从事法律行业的规划与期待;我们在法学通识课上通力合作,共同完成小组作业,拿下全班最高成绩,获得了老师和同学们的一致认可;我们鼓起勇气,一同报名"法言杯"辩论大赛,挑战法学院优秀的学长学姐,虽然最终没能走到最后,但是尽全力而无憾,共同备赛的经历和评委老师耐心、细心地点评仍然让我们收获颇多。在上大的成长过程中,顾艺晨学姐是我重要的引路人。她学习成绩优异,各方面能力强,是个法学小能手。在我还是个新手小白的时候,学姐会耐心地教我如何选课,向我推荐法学院的优秀通识课程。当我遇到难题与挑战,学姐总是不吝向我伸出援手,向我倾授她的经验与成果。我总能从她的眼睛看到自信与坚定,在她的帮助与指导下我总能感到安心和力量。也许正是对学姐的喜爱与敬仰,使得我对法律的学习更加地期待。

  上大老师对我的无私奉献与精心指导让我受益匪浅,很是感动。无论是课上还是课下,老师们都非常欢迎同学们提问。在我向陈琦华老师、李智老师、詹宏海老师等法学院的老师们表达了我希望进入法学院的意愿并向他们寻求建议时,他们非常乐意并且非常耐心地为我提供帮助与指导。李智老师总会在下课后与我交流畅谈,并向我推荐法学院的优秀讲座,辅导员薛赛男老师也尽力为我们提供相关的资源,邀请法学院的优秀学姐为我们做宣讲,解答我们对法学的疑惑。除了有辅导员老师和各个课程老师的悉心关怀,学校还为我们每位同学配备了全程导师,为我们指点迷津,助力我们快速成长。幸运的是,我的全程导师郭琦老师也来自法学院,她时不时会与我们畅聊最近的学习与生活,为我们排解烦恼,指引我们前进的方向。在郭老师的指导和帮助下,我与伙伴们共同开展的创新创业项目很快有了总体方案,她的鼓舞也是我们想要把项目尽全力做到最好的动力之一。在上大的这短短半年时光里,我对理想的追求与热爱日增不减,这份热爱与自信,不仅来自自身对法学心怀期待向往,也源于老师们对我的鼓励与支持。

虽然我在上大的时间还不长,但我已经深深爱上了这个地方。在这里,我品尝过胜利的欢乐,也体验过失败的怅惘,曾被挫折打倒,也曾被身边人的爱和鼓励重新赋予力量。上海大学是个令人感到温暖和治愈的地方,傍晚站在泮池边上,看着落日余晖,天边云卷云舒,细碎的晚霞撒在水面上,听着一旁孩童的嬉闹声,多少烦恼都会一扫而空。在2023年的夏天,我与上大结缘,属于我的上大故事就此开启,它们发生在细碎的时光中,发生在校园的角落里,让我把它们细细说给你听……

人间朝暮，青春上大

社区学院　詹文秀

你尝试站在逆光的方向，不惧万人阻挡，站成属于自己的那一束光。三分对未知的惆怅，七分对未来的向往，朝着日出的东方，向着梦开始的地方，你独自启航。细嗅旖旎繁华清香，细品沿路微风轻扬，少年的你呀，为了装饰自己的梦，踏上了从家乡到远方、从懵懂到成熟的征途。此时，青春美好；此地，系情于上大。

詹文秀

晨光熹微，溯源历史

透过清晨薄雾，偶望见天上些许的残星，朦胧中的闪烁却也给上大的校园增添了些美好与寂静。你乘着同学的车一路穿行在薄雾中，好似绝美的仙境。这是你第一次在清晨六点多来到溯园，或带着些许困意，又或者些许凉意，走进灰调的溯园。四面弧形的墙体，从广场中心向外发散的环形小道，形同年轮。你将目光移向阳光下耀眼的墙体上的字，细细读之，才知弧形墙体以大事年表的形式，演绎了老上海大学从建校、发展、变迁直至被迫关闭的过程。转而你被映入眼帘的浮雕所吸引，驻足观望"欢迎于右任校长""李大钊演讲""平民夜校""五卅运动"四组作品,似穿越到过去,与历史对话,重温经典场景。此刻你的心早已无法安宁,跳跃着,颤抖着,似淹没在车站的人群中,欢迎着于右任校长的到来;似端详着穿西装领带,架托力克眼镜的李大钊先生,在台下聆听他那慷慨激昂的演讲;又似在公共租界道路上同其他同学一起游行,进行着反帝爱国运动。深深陷入,想象着与老上大前辈对话,想象着你也曾经历过那个年代,久久不能自已。

朋友的一声声呼喊将你拉到了现实,顿感眼睛发花,原来早已天红云,满地金光,阳光透过斑驳的树叶落到浮雕之上形成淡淡的轻轻摇曳的光晕。该走了,走出溯园,走出历史。你轻轻迈开脚步,感受着从源于石库门的"弄堂大学"到如今现代化的新上海大学的历史跨越感,感受着不同时代上海大学师生共同坚守的精神,薪火相传,生生不息。

晚霞微醺,在泮咫尺

学习了一天后,你拖着疲惫的身躯走出图书馆。抬头望见暮色朦胧,漫天红霞,几颗星星发出微弱的光亮。星子般大小的飞机穿过云层,在红色的画布上留下一道金色的线。你向来喜爱美景,眼前的景象又怎能叫人不舒畅。心中满是喜悦,迈着轻盈的步伐走下阶梯。

褪去了些许的疲乏,你来到泮池旁,感受晚风轻拂,花香扑鼻。落日西沉,晚霞微醺,晚风轻踩云朵,贩卖橘红色的温柔。你坐在泮池边的石头上,看泮池水面波光粼粼,泛着点点银光,小桥横跨两边,在河面上投下婉约的倒影。柳枝轻扬,微风拂过脸庞,悄无声息地带走了你的愁绪,只剩一地美好。望着彼岸三三两两散步的同学,沐浴在月光和灯光之下,谈笑甚欢,青春美好;看看此岸的行人欣赏菊花节美景,拍照打卡,祖孙合照,情谊美好。此岸,彼岸,连接起来就是整个人生。正值青春年少,却笑谈已然在上大看到人生美好。

一位奶奶叫住了你,询问你能否帮她和她的孙子拍张照,你欣然接受。接过手机,按下快门,定格这个秋天,定格上大菊花节,定格祖孙面容上绽放的笑脸,定格你与他们心中的喜悦。该离开了,你起身走向小桥,感受此岸到彼岸的跨越。站在桥上看远处风景,虽感受不到壮阔河山的震撼,却也觉此刻潺潺溪流般的美好融化了自己的内心。望着自行车前转动的彩色风车,你明白生活自是七彩,带着笑颜,迈步走向下一个征程。

星汉灿烂,追梦征程

思绪乱飞,任想象在黑夜里泛舟遨游。漫天繁星好似洒在碧罗盘里的珍珠,明月高悬于空,俯视天下苍生。深夜本应是大家陆续入睡的时间,但此刻在阳台、天台等处却聚集了大量的同学,在等待着,在期待着,那今晚不知何时会划破夜空的流星雨。你也不例外,来到了教学楼的天台静静等待,心中的喜悦溢于言表,早已准备好许愿。不敢闭眼,不愿错过。大家都不约而同地躺在地面上,静静欣赏着夜空。忽不知是谁大叫了一声"流星",蓦然望去,只见一颗巨大的流星划破天空,朝东方疾驰而过,点亮那一方的天空,一点点地融化,直到消失。大家都双手合十,心中默念着自己的心愿。流星寄托了无数少年的梦,带着一地希冀不知落向何处,又不知会开出怎样瑰丽的花朵。

转而,听见不远处传来婉转歌声,穿过人群才看到原来是同学的吉他演奏。他拨着吉他的弦,奏出弯曲的平行线,华光从缝隙倾泻,美好在不经意间。你似早已沉醉,与周围同学拍手叫好,享受着这一切,顿感青春美好。笑声夹杂着歌声,飞跃地平线,向夜空寄托着上大学子对未来的美好希冀。

凌晨,同学陆续回寝。你在路灯下踱步,回想流星划过瞬间,回顾大家围坐看吉他演奏时刻,畅想未来美好时光,不觉嘴角轻扬,笑意俨然掩盖了困意。

渺渺红尘,所有的遇见皆是缘分。有缘来到上大,在此书写青春华章。

作为新一代上大人,回顾其历史,与上大先辈进行一次跨越历史的对话,忆峥嵘岁月,感今世繁华;作为新时代青年,在上大播种希望的种子,绽放希望之花,践行"自强不息"的校训,看未来星河滚烫。

一位大一新生的上大故事

社区学院 张路遥

印在录取通知书封皮上那遒劲有力的"自强不息,道济天下"无疑是我对上大的第一印象。

2023年7月24日,我终于收到了沉甸甸的录取"通知箱",我终于拿到了通往梦寐以求的大学生活的钥匙。"通知箱"内容很丰富,除了录取通知书,还有校徽盲盒、纪念手工灯等小礼物和一本厚厚的校史纪念册。我开始对将要朝夕相处的大学有了更深入的了解。

第一次深入了解上大红色校史,是假期闲来无事翻阅校史纪念册。作为中国共产党主导创办

张路遥

并实际领导的第一所正规大学,上海大学以"自强不息,道济天下"为校训,以"养成强国济世人才,促进社会文明进步"为使命,带领着上大人不断奋进。随着书页的翻动,我被上大的红色精神深深震撼。

暑假期间,我关注了上海大学的多个有关公众号,加入了社区学院新生服务社,想把上大的红色志愿精神继续传递下去。在新生服务社培训期间,我们所了解的首要之事,就是上海大学的校史校训,这是我第二次深入了解这段红色校史,不再局限于文字和图片。我们来到了溯园和上海大学旧址,远观翻新

的旧址,我感受到了时代的风采;漫步在圈圈绕绕的溯园,我感受到了历史的风雨。在讲解员绘声绘色的讲解中,我仿佛看见了上大百年来躬身奉献的前辈在向我们招手,他们好像在说:"承接前人遗志,发扬光大,更待今朝少年郎"。

除了红色校史和上大精神,我对学校的全程导师制度也很有感触。学校为每位入学的新生都分配了一位全程导师,刚好我和一个室友是同一位导师。不论是对新环境的适应、对新学习的疑问,还是对未来专业的选择、对职业规划的设想,我们都可以同导师交流,说来也巧,我导师也算我的半个老乡,良师益友,感触颇深。

上大最大的特色莫过于三学期制。虽然有些累,但相比于常规学期制度,三学期制更紧凑更高效,同学们劳逸结合,十周的紧张学习结束后,会进入考试周,一般而言,考试只占据一小部分时间,剩余的时间就可以进行短途旅行或社会实践,调整身心之余,更可为下个学期做好准备。秋季学期的考试周我就用了8天时间和朋友一起去了苏州,逛了拙政园、苏州博物馆、平江路、七里山塘,拜访了寒山寺,上大学子各个都精通"错峰旅行"。但也有一个缺点,冬季学期放假特别晚,又赶上春运,着实让人头疼。

步入大学,学习是不能掉链子的。大学学习不同于高中,它更强调自主、探究和实践,帮助我们适应社会需求,成为具备国际视野的综合型人才。根据这一目标,上大也有独特的课程制度,大一新生的课程分为公共基础课和通识课,前者是按专业分配的必修课,基本会有统一安排的期末考试;而通识课则是由我们自主选择的,可以发展个人的兴趣爱好,考核形式也是按任课老师的要求来的。我所选择的感兴趣的通识课就涵盖理工、经管两大类,其中属于理工大类的"食品与生命安全"提高了我对日常生活中食品安全的认知,属于经管大类的"旅游资源与文化"拓宽了我的旅游视野。而公共基础课中高数这一科目令人头疼,但我也不能放弃,上课没听懂的下课就在网上搜索相关的教学视频,一步步提升自己。虽然学习的过程是艰难的、痛苦的,但成果是香甜的、美好的,看着自己一步一步走来,我成就感满满,更加坚定了前行的决心。

大学除了学习,还充斥着很多丰富多彩的课外活动。小组活动中,我们小组成员一起开展"青年大学习",一起参观吴淞炮台湾纪念公园,一起完成团日工作；班级活动中，我们一起进行环保宣传，一起组建"肯德基团"，一起参与活动宣讲；社团活动中，我们一起参加爱心屋义卖活动，一起看音协演出，一起参与志愿者活动。这些活动不仅能够提升我们的综合素质，还丰富了我们的校园生活。从这些活动中，我学会了团队合作，培养了责任感，增强了自信心，留下了许多美好的回忆。大学课外活动让我们在快乐中收获成长，是我们大学生活不可或缺的一部分。

我的大学生活因为加入了学生组织、结交一群好朋友而绚烂美好。除了开学前申请加入社区学院新生服务社，在开学后我还加入了社区学院学生事务中心。作为事务部的一员，我不仅做好了助理值班这一本职工作，还积极在如大班联络、双节晚会、答疑竞赛等活动中贡献自己的力量。在这期间，我结识了很多朋友，我们会一起自习，一起工作，一起聚餐，一起逛街，一起看流星，一起跨年……我们来自五湖四海，相聚于此，分享快乐与悲伤。作为事务中心的一员，我们希望这个温暖有爱的组织能一直一直发光发热，成为上大的一道光。

进入上大也快半年了，我适应能力特别强，过渡得特别快。虽然远离家乡，但我从未黯然神伤，因为我在上大找到了独一份的归属感，结识了很多朋友，收获了更多快乐。这就是我的上大故事，一个平平无奇的大一新生的上大故事，我相信，你也有属于你的上大故事。

第二章 情满校园

百年树人，润物无声
——上大精神的继承与发扬

机电工程与自动化学院　张德骏

张德骏

新征程，再出发，共青春，擘未来，我心潮澎湃，怀着对红色校史的感悟，特分享我对于红色上大的感悟。三年时光，虽然稍纵即逝，但在这片校园里，我深刻感受到了"百年树人，润物无声"的红色精神。已然踏入大三，回首这段时光，我领悟到上大校园精神如同悠远而平静的泮池，润泽着每一个上大人在上大走过的青春年华。

回首上大百年历史，学校的成长如同一棵参天大树，扎根于动荡的时局，历经百年风雨洗礼，依旧翠绿欣欣向荣。我从校史中了解到，上大在建校之初就汇聚了众多仁人志士，孙中山、李大钊、陈独秀、毛泽东等悉心关怀，于右任、邓中夏、瞿秋白、蔡和森、任弼时、张太雷、恽代英、邵力子、陈望道、田汉等贤达汇聚上大，为学府的兴旺奠定了坚实基础。他们的奋斗精神，成为百年来学子们的楷模，使"百年树人"成为上大独特的校园底蕴。

来到上大，我发现这里的学风与我以往的浮躁相异。高中时期的我只觉学业苦涩，却未能真正领悟到学问的深邃之处。然而，上大的校园氛围中弥漫着一股自强不息的精神,让我明白学习应该是一种乐趣,是内心的追求。通过仔细品读校歌、铭记校训,我发现"自强不息"并非只是一句口号,更是一种在日常学习、生活中贯穿始终的理念。上大培养学子奋发向前、不畏困难的品格,润物无声,如春日的细雨,悄然而至。

深入了解校史,我惊叹于上大百年来的坚韧和辉煌。在学校发展的历程中,众多杰出的教授如瞿秋白、邓中夏等为上大注入了红色的基因,使得学府在革命风云中屹立不倒。他们的精神传承至今,如一支不屈的红色之笔,书写着上大的光辉篇章。我尤其敬佩刘华烈士,作为我们的校友,他在家国之险境中不改初心,为国家、为人民,表现出令人敬仰的豁达和坚定。

在这里,我逐渐认识到"百年树人"并非停留在历史长河中,而是在我们每一个上大人的身上得以传承。正如文章中所言:"十年树木,百年树人。"在百年的光辉历程中,上大人一代代传承着这份精神,不忘初心,矢志前行。我们站在巨人的肩膀上,汲取前人的智慧,不断追求卓越。而今,我们作为新一代的上大人,有责任在这片沃土上播下新的种子,让"百年树人"的校园精神在我们身上继续发扬光大。百年树人之所以能够传承久远,正是因为它如同春雨一般,默默地滋润着每一位上大人的心田。学府的教育理念、学风、校训如同雨露滋润着我们的心灵,激发着我们对知识的渴望,对未来的向往。这种润物无声的力量,是上大最宝贵的财富。

成为一名中国共产党预备党员之后,通过对红色校史的加强学习,我对于上海大学的红色历史得到了更加贴切的了解与认识。在这片充满红色记忆的土地上,我深刻感受到了中国共产党的光辉历程与伟大事业。上海大学作为一所具有深厚红色底蕴的学府,其历史与中国共产党的发展紧密相连。学校的建立初衷即包含了为国家解困、为人民谋幸福的初心。在百年的历程中,上大见证了中国共产党的成长历程,承载了许多杰出党员的光荣传统。

上海大学校长钱伟长老先生是一位坚定的爱国主义者和品学卓然的科学家,于1946年回国从教开始,怀有为振兴中华献身教育的抱负。在国内外时势变迁之际,他始终未曾动摇这一抱负,对如何办好教育保持清醒的头脑。20世纪50年代,我国步入社会主义建设高潮,全国上下奋发有为,高呼"十二年赶超英美"的豪迈口号。对于何为"赶超",钱老给出了明确回答:"在科学的各个领域上,有足够数量和足够水平的科学工作人员来研究解决我们国家生产建设上和文化建设上存在的科学方面的问题;也就是说,我们国家建设中的科学上的问题,我们自己能够解决,而不仰仗人家来帮我们解决,这就是赶上了世界的先进水平。"钱老强调,科学工作者的任务是使国家在物质生活和文化生活上有更大的提高,科学理论的水平应以此为衡量标准。他不认同仅培养出像爱因斯坦那样的人物、发明像相对论那样的理论就算是赶上世界先进水平。几十年过去,到了 20 世纪 90 年代,中国的高等教育改革和发展进入新阶段,学校争相将"建设世界一流大学"或"建设国内一流大学"确立为办学目标,上海大学自然也不甘落后。对于何为一流大学,钱老的回答仍然言简意赅:能解决上海的问题,就是国内一流;能解决中国的问题,就是世界一流。这一理念激励着上海大学一代又一代的师生,将爱国情怀和科学精神融入学校的发展道路,为中华民族伟大复兴贡献着不懈的努力。"我没有专业,国家的需要就是我的专业。"钱伟长先生的这句话一直被我们上大人铭记在心。这句简洁而深刻的宣言,传承了上海大学百年来的红色校史,激励着一代又一代的上大人为祖国的繁荣富强而奋斗。这不仅仅是一句口号,更是上海大学师生的共同信条。它激励着我们奋发向前,不断拓展自己的知识面,提高专业水平,为国家的繁荣和人民的福祉贡献自己的力量。这正是上大人在红色校史的熏陶下,形成的独特精神,也是我们继续传承弘扬的红色基因。

所思所感,皆是对上大百年红色校史的微薄贡献。或许言辞不够华丽,但这些都是真挚而发自内心的情感。愿这份热爱与敬仰,能够成为我们共同奋斗的力量,承载上大的红色基因,继往开来,创造更加辉煌的未来。

跨越百年的红色传承

悉尼工商学院　曹嘉尚

春风十里,不及母校如画风景;红梅白雪,永记师门如山恩情。

当我第一次踏进上海大学的校门,心中涌起的是一种说不出的激动。经过了艰苦的高考,这是我人生中一个新的起点,也是我开启新征程的标志。上海大学,这所充满活力和创新精神的学府,为我提供了一个宽广的舞台,让我可以自由地追求知识和梦想。

红色校史是上海大学独特的文化底蕴。上海大学,这所诞生于 20 世纪 20 年代的学府,是中国

曹嘉尚

共产党创办的第一所正规大学。自创立之初,上大就承载了救国图强的使命,立志为民族解放、国家独立培养人才。红色基因深深植根于上大的历史长河中,从早期的马克思主义传播者陈望道、恽代英到中华人民共和国成立后的杰出代表钱伟长、谷超豪等,他们都是上大红色基因的传承者和弘扬者。

上海大学,这所诞生于 20 世纪 20 年代的高等学府,历经百年的沧桑与辉煌,成为中国革命和建设事业的重要摇篮。在风起云涌的历史长河中,上海大学始终坚守红色信仰,为国家和民族的未来培育了无数杰出人才。

回溯到 1922 年,上海大学在石库门里正式成立,得到了孙中山、陈独秀等革命先驱的关心与支持。作为中国共产党与国民党合作创办的高等学府,上海大学从一开始就承载着救国图强的使命。在那个动荡不安的年代,上海大学吸引着无数热血青年前来求学。在短短五年的时间里,上海大学汇聚了一大批杰出的共产党人和进步人士,他们在这里传播马克思主义,开展革命活动,为中国革命事业培养了大批人才。上海大学因此赢得了"文有上大、武有黄埔"的美誉,成为中国革命的摇篮之一。

然而,历史的风雨也给上海大学带来了沉重的打击。在战争年代,上海大学历经了多次停办和复校的波折。但即使在最艰难的时刻,上海大学师生们始终坚守信仰、不畏艰险,为革命事业奋斗不息。

中华人民共和国成立后,上海大学迎来了新的发展机遇。在改革开放的春风中,上海大学逐渐崭露头角,成为上海市乃至全国高等教育的重要一环。在新的历史起点上,上海大学继续秉持着红色传统,为国家和社会培养了大量优秀人才。这些人才不仅在学术研究上取得了卓越成就,也在国家建设、社会服务等方面发挥着重要作用。

每当我踏入溯园,那深沉的历史韵味总能悄然渗入我心灵的深处。展区的每一个角落都弥漫着历史的沧桑感,仿佛在诉说着那些被岁月沉淀下来的故事。这里,是早期上海大学的缩影,是那段波澜壮阔的历史的见证。创立之初的艰辛,逐步发展的辉煌,辗转迁校的无奈,被迫关闭的悲凉,这里都一一记录了下来。这段历史,如同溯园中的一砖一瓦,都饱含着岁月的痕迹和历史的重量。它让我们深刻理解到,无论时代如何变迁,上大精神始终如一,传承至今。

钱伟长老校长曾说上大的校训只有"自强不息"还不够,还要加上"先天下之忧而忧,后天下之乐而乐"。这是前辈赋予我们最深的期望,每一位上大学子首先应该学会勇敢面对挫折与困难,自强不息,做一个真真正正自强的人,通过自己的努力在刻苦学习,以振兴中华民族为自己的责任和使命,奋斗不止,努力向上! 如果大家都能把国家、民族摆在首位,真正做到"先天下之忧而忧,后天下之乐而乐",那么,国家就能汇聚排山倒海般的磅礴力量,党和国家事业就能向前推进一大步,中华民族必将迈出势不可当的复兴步伐!

我们能从校训中深切地感受到上海大学厚重的历史文化积淀与人文魅力。1922年成立的上海大学,是中国共产党创办的第一所正规大学。学校举步维艰,克服重重困难,为中国培养了一大批优秀人才,享有"文有上大,武有黄埔""北有五四时期的北大,南有五卅时期的上大"的盛誉,成为进步思想的传播地和改造社会的实践地,"东南革命最高学府"的美名传遍神州大地。从老上大到新上大,上大薪火代代相传。感悟"养成建国人才,促进文化事业"的办学宗旨,不忘初心,上大秉承着"知行合一,追求卓越"的精神逐梦奔跑,砥砺前行,朝着自己的目标努力拼搏。时光流转,日月如梭,历史的脚步已渐行渐远,新的未来还在等待我们开创。

作为上大一名新学子,虽然才在这里度过了一学期,但我在上海大学这个大家庭里,已经深刻地感受到了师生情谊的深厚。老师们不仅传授给我们知识,更关心我们的成长和发展。他们的言传身教,激发着我们的学习热情,引导着我们走向正确的人生道路。同学们也互相帮助、共同进步,形成了良好的学习氛围。在学习的过程中,我收获了新知,提升了自己的综合能力。上海大学为学生提供了丰富的课程设置和实践机会,让我能够全面地发展自己的能力和素质。我参加了各种社团活动和学术竞赛,锻炼了自己的组织协调能力和团队合作精神;参与了社会实践,培养了自己的社会责任感和创新意识。

我将以严谨的学术态度,不断提升自我,追求卓越;以开放的视野,学习多元文化,增强国际视野;以勤奋的工作作风,努力提高能力,勇攀高峰;以包容的心态,夯实人文素养,为社会进步贡献力量。我将牢记钱伟长老校长的嘱托:"我们培养的学生首先应该是一个全面的人,是一个爱国者,一个辩证唯物主义者,一个有文化艺术修养、道德品质高尚、心灵美好的人;其次,才是一个拥有学科、专业知识的人,一个未来的工程师、专门家。"始终保持自强不息的精神,勇敢面对挑战,不断超越自我,砥砺前行。

未来的道路依然漫长,但我相信在上海大学的培养下,我已经具备了迎接挑战的能力。我将怀揣着对母校的感恩之情,坚定地走在追求卓越的道路上。无论前方有多少困难和挫折,我都将勇往直前,永不放弃。因为我知道,只有通过自己的努力和奋斗,才能实现自己的人生价值,才能为祖国的繁荣富强贡献自己的力量。

我把上大说给你听

社区学院　蔡杨雨菲

此时此刻，静静伫立于泮池湖畔，闭着眼，感知秋的气息，校园广播里播放着上海大学的校歌，便觉入了迷，只管寻着乐音，跃入那风起云涌的红色时代。

浙江嘉兴南湖的红船上点燃了中国人民的希望，青云发轫，党主导创办并实际领导的上海大学在中国革命史和教育史上留下了光辉的一页，"北有五四时期的北大，南有五卅时期的上大"是上大在革命年代的真实写照。20世纪20年代，英才济济，杨尚昆、王稼祥、丁玲、戴望舒等都从这里走

蔡杨雨菲

出，他们中有党和国家领导人，有为国捐躯的烈士，有著名的社会活动家，有一流的学者、作家、剧作家、诗人等，在马克思主义理论传播、社会科学研究、自然科学普及等方面都作出了杰出的贡献，成就瞩目。中华人民共和国成立后，育才造士，三校艰苦创业，培养了大批"高精尖"人才和工业技术人才。1983年，弦歌不辍，六校合并，复办上海大学，并乘着改革开放的春风，跨越发展，钱伟长老校长独树一帜的教育思想和治校方略开创了学校思想解放和学术繁荣的新局面，推进了学校各项事业的新发展，植根上海，发挥综合优势，综合实力和

核心竞争力显著提升,进入国家"211工程"重点建设高校,迈入研究型大学行列。进入新时代,上大仍争创一流,践行新时代新发展理念,抢抓机遇、锐意改革,追卓越、创一流,努力在世界大学行列中书写鲜明印记,在践行上海城市品格中彰显上大特质。

  同学们的欢声笑语将我的思绪拉回现实,我缓缓睁开眼,漫步于校园。走过天桥,8月,初来乍到的惊喜与紧张又浮上心头,当时的我和父母一起走进新世纪,各种各样的招新信息扑面而来,我欣然接下,仔细研究,择一二有兴趣且有能力的加入,经过两轮面试,加入了自管会融媒体部,部门的氛围很好,在其中我们一起准备摄影大赛,冬季大活动,一起团建,一起庆祝生日,看着一个个最初在脑袋里的想法一步步地变成成熟的策划方案并最终落地实施,那一刻的成就感达到了顶峰。走入西门,不禁感慨于上大的风景怡人,不愧有"宝山区第一人民公园"的美誉,泮池旁的柳树是刚柔并济的,风一吹,它随风摇摆,无风时,它又显得那样笔直。走在泮池具有江南古典气韵的小桥上,偶尔买来鱼食和鸽食喂喂锦鲤和鸽子,脑海里又浮现出高中坐在图书馆前和朋友一起看锦鲤的温馨画面。择一阳光温暖的早晨,或躺在草地上,或坐在长椅上,沐浴阳光,静静地听着风的声音,偶尔飘落几片泛黄的银杏,仿佛在向我诉说着秋的来意,这一切都是那么的惬意。走进教学楼,老师们慷慨激昂地讲授着知识,或诉说一场风起云涌的历史,或讲述一个个生动却又血淋淋的法学案例,或讲解着那晦涩难懂的高数,或深入剖析着马克思主义的思想智慧,同学们求知若渴,专心致志,课上没有听懂的下课便立马找老师解惑。在一堂堂精彩纷呈的讲解中,我体会到了中华民族一路走来的艰难与伟大,领略到了祖国的大好河山,感受到了巷子的人间烟火,懂得了立法者与法官的两难境地,领悟了马克思主义的真理性和其在当代的现实意义,感慨于前辈们的智慧与伟大。课后,我与小组成员们通力合作,头脑风暴,思想碰撞,认真完成了一个个小组汇报,敢于突破自己的舒适圈,大方站上讲台,讲述着我们的智慧结晶,受到老师鼓励的瞬间,感觉一切努力都是值得的。通过学习和活动,我获得了巨大的勇气和信心,让我在今后能有底气再次站上讲台表达自己的观点,展示着上大师生的风采,诉说和传承上大精神。走进图书馆,莘莘学子辛苦备战,择一空位坐下,或是补充上课没来得及写的笔记,或是认真备考期中期末,或是于浩瀚书海中遨游。秋季学期,我在图书馆里度过了无数个日日夜夜,享受于图书馆安静的氛围,在此大环境中能静下心来捕捉书籍的美好,捕捉遗漏的知识,汲取知识的每一个夜晚都是一种享受与升华。在校园的各个角落,你都能看到同学们交流项目进展,分享学习心得,丰富多彩的"百团大战"展现着当代大学生的青春风采。在上海大学这个充满着知识、爱与力量的地方,到处都洋溢着同学们的青春气息,到处都展现与传承着上海大学的红色精神。

  初入上海大学,觉得这是一个到处都有新鲜感、生活与学术气息的地方,让我想在这个舞台上,走出自己的舒适圈,放手一搏,去寻找人生的可能性,去发现不一样的自己,去大放光彩。作为新时代的新青年,我们应该脚踏实地,志存高远,在上海大学这个充满无限可能性的地方肆意尝试,不断试错,不断总结,努力书写自己的青春梦想。的确,人生这场旅途不一定会顺风顺水,但你经历的每一件事都是沿岸的风景,都能为你人生的画布着色。所以,不要因为一时的失败就失去信心,它相反能给我们历练的机会,为我们积累经验,换个角度思考,它或许就是你人生中的铺路石,为你今后的熠熠生辉奠定了坚实的基础。大学生们,让我们去肆意地享受青春吧,身体力行"自强不息,道济天下"的校训,传承上大精神,继续书写属于你的上大故事。

缘分、责任、热爱
——我和上海大学本科招生宣传协会的故事

钱伟长学院　代玟

有人说,你毕业之后,除了舍友之间的同学情,印象深刻的一定会是你的学生组织。确实,我大学期间唯一参与的学生组织——上海大学本科招生宣传协会(UAPA),是我在大学里的另一个"家",并在我的大学生活中画上了浓墨重彩的一笔。我想,在这里的点点滴滴见证了我的成长、我与 UAPAer 们的友情,以及上大社团的魅力所在。

代玟

缘分

我与招宣协的缘分源于一颗"爱上大,宣上大"的心,这也是招宣协的宗旨。

在 2021 年冬季时,我参加了由招宣协协办的寒假回母校实践活动,活动的口号简洁明了——"了解上大、宣传上大、热爱上大"。在"招生宣传大使"选拔入围后,我收到了来自招宣协抛出的橄榄枝,特殊时期,我以线上面试的形式初次见到了招宣协的小伙伴们,他们温柔热情,印象最深的是我们后来的部长。"你对我们社团还有什么想要了解的吗?"我清晰地记得面试的最后一个问题是这个,我当时说的是加入之后再慢慢了解,也确实如此,这一慢慢,度过了我大一到大三的时光……

责任

在充满热情的暑假里,我参与了社团的一届"领航计划",担任了两次团建的活动策划人,以及其他活动的策划小组成员。还记得第一次线上团建策划,我尝试着开腾讯会议,与策划小组同学商量分工;还记得线上团建开展时,我面对着那么多同学的面庞,带大家玩"海龟汤"的游戏。好像以前的我是很怕面对公众发言的,这时怎么有了勇气呢?从线上走到线下,场地、设备、零食等,有很多要考虑的东西,我不断咨询着部长和前辈们,不断去尝试自我。

在换届答辩的那一天,虽然我是人生第一次参与晋升答辩,但我已有足够的积累和勇气,信誓旦旦地说:"我从一个活动参与者变为了策划者……我爱招宣协这个温暖的大家庭,希望可以在这里奉献自我、锻炼自我!"

自此之后,我不敢相信渺小的我真的担起了由三十几位成员组成的活动部的部长一职。冬去春来,又是一年寒假回母校。尽管我并没有参与过这项活动的策划,但在原部长的帮助下,完成了活动的一个个流程,从前期多样的宣传活动,到开展校级培训动员会,再到材料收集,举办评优答辩等等,5个月里,我寻找到了学生活动与学习的平衡点,锻炼了活动策划与组织的能力,也收获了与老师、与部门、与同学之间的沟通技巧……太多太多,潜移默化中我早已不是之前的我。我深感是招宣协让我找到了大学的意义。

大二这一年过得飞快,我也成了一名老部员,与此同时,责任也随时间增加。招宣协这一年带给我了很多锻炼的机会和平台,长出坚硬翅膀的我当然也需要去"反哺",我也学着前辈们的模样,去引导新同学尝试一次次策划活动,我也知道我需要留在这里去延续"我为上大代言"活动的经验,不能辜负同学们和老师们的信任和期望。

如果两年前问我是否有勇气去担任一个六七十人社团的一把手，我的答案肯定是否定的。从小学、初中、高中甚至是大学看来，我好像一直是只学习和玩乐，是个几乎不参与班委、学生组织的人，以至于我不善于社交，不善于发言。而参与了寒假回母校活动之后，从一个活动的小组长，到成为校级"招生宣传大使"，再到进入招宣协，我居然一步一个脚印地走到了今天。或许是热情给了我机会，招宣协给了我平台，我已感觉我不是我，甚至可以说这两年大学生活改变了我的人生，我希望可以担起一份更大的责任。

热爱

社团里的人不会一成不变，有人加入就有人离开。每每看见在社团认识的好朋友离开社团时，我都会在朋友圈发很长的文案，感叹 UAPA，感叹社团形形色色的好友，感叹天下没有不散之筵席。其实我也有离开的那一天，只不过我还没有到那分岔的路口。

回顾这两年的社团生活，脑海中最深刻的，一个是改变自我的感叹，另一个就是社团的这群人。我们来自五湖四海，不同学院不同专业，我们讨论着家乡的风貌，商量着去对方的家乡旅游，我们还讨论各自学院的风采，对文学、理学、美术、音乐等有了更多的感知。也许我们不时常见面，但总在团建之后，彼此分享与社团好友的合影，感叹着"这是最好的社团"。

不止同学，我们的指导老师也构成了社团的一道风景线，他们年轻、耐心、和善、热情，尽管很忙，但经常帮助我们解决难题，支持我们的各种活动。我能感受到老师们身上的无私和用心，也非常感激他们的谆谆教导。正如学姐们每每提到的那句话——"我们社团是一个成长型社团"，是的，这里的老师和同学会鼓励你成长，允许你犯错，给你尝试的平台。希望所有的 UAPAer 们能不负社团，大胆去锻炼自我！

最后，用"缘分、责任、热爱"来描述我与招宣协的感情再合适不过了，我也会在有限的大学生活里无限地热爱招宣协！

把上大说给你听

社区学院　韩梦微

风雨兼程百年路，自强砥砺新征途

步入上大校园，最先引人注目的是这座红色学府的标志。1922年10月23日，在全民族危在旦夕、革命者救之图存的背景下，中国共产党克服种种困难，在万般险境下创办了上海大学。

学校从创建伊始，即吸引了四方热血青年影从云集，其对中国革命的推动与影响力在革命史和教育史上都留下了光辉夺目的一笔。在党的领导下，老上大师生积极投身革命，参加了五卅运动、上海三次武装起义，上大因为被誉为"红色学府"。

韩梦微

百年来，上大一直秉承着"养成建国人才，促进文化事业"的办学宗旨，吸引一批批仁人志士奋不顾身地开启报效祖国的征途。

随着探索的继续深入，你会悄然发现，在本校区南部一个隐秘的角落，有一处形如年轮的弧形建筑，它的名字叫作"溯园"，形如其名，意在追根溯源。溯园回环曲折的墙体上郑重地镌刻着老上海大学章程与全体师生名录，而"欢迎于右任校长""李大钊演讲""平民夜校""五卅运动"四组浮雕更是重现了老上大历史上的一段段经典场景。

百年来溯园见证了一位又一位老前辈们挥洒热血和汗水,也见证了一代又一代上大学子的奋斗与青春。百年后的今天,它伫立在崭新的校区,静静地记录并诉说着20世纪20年代老上海大学的峥嵘岁月,展现了老一代革命人筚路蓝缕的光辉历程,盼望着新一代学子以青春之我,创建青春之中华。

在新生开学典礼上,聆听校史,聆听校歌。我看到教育的大厦在历史中湮灭,又从原地拔地而起;我看到老前辈们冲着我们挥手,那目光满含殷切,诉说着来日方长。一曲终了,心绪久久不能平复,那一声声"自强"的呐喊,如同平静湖面上掉落一块石头,在我心中激起层层波浪。

陈独秀先生曾说:"青年如初春,如朝日,如百卉之萌动,如利刃之新发于硎,人生最可宝贵之时期也。青年之于社会,犹新鲜活泼细胞之在人身。"前人指点的方向就在眼前,我辈青年当敏于自觉,勇于奋斗,发挥人间固有之智能,抉择人间种种之思想,利刃断铁,快刀斩麻,不做迁就违愿之想,穷且益坚,不坠青云之志。

文有上大,武有黄埔

对于20世纪20年代的上大,流传"文有上大,武有黄埔""北有五四时期的北大,南有五卅时期的上大"的美誉。

上海大学在创立初期引导学生建立各种研究会和学术团体,积极参加社会实践活动,培养了一大批人才。同时还大胆尝试,勇于革新教育制度,举办星期演讲会、夏令讲学会,邀请名流、学者来校任职或者演讲。有于右任校长、邵力子副校长、邓中夏总务长,瞿秋白、蔡和森、丰子恺等先后在上大任职任教,李大钊、章太炎、胡适、郭沫若等应邀前来演讲。一位位在中国革命史上响当当的人物都曾与老上海大学有着不解之缘,也正是这样一所"红色学府""革命熔炉",作为早期中国共产党人和各界进步人士传播革命真理的重要阵地,培养造就了一大批革命先驱和专业人才。

红色学府,五卅先锋

上大作为五卅运动的策源地之一,留下了无数先辈的热血,见证了中国人民誓死捍卫国家主权和民族尊严的决心。陈望道在其回忆录中也证实了这一事实:"西摩路(今陕西北路),也就是当时上海大学校址,是五卅运动的策源地。5月30日那天,队伍就是在这里集中而后出发到南京路去演讲。"当时中共上海地委领导人之一刘锡吾回忆:"游行示威时,群众也把上大的队伍看成是党的队伍。上大的队伍未到,大家都要等上大的队伍;上大队伍的旗帜未竖起来,大家的旗帜都不竖起来,反之,上大的旗帜一竖,大家的旗帜都竖起来了。当时的全国学生会,也是以上海大学为旗帜的。"

胜利的背后往往是鲜血与汗水。人群中正声泪俱下控诉日本人残暴行径上大学子的何秉彝当场被击中,身受重伤,口中仍连呼"打倒帝国主义!中华民族解放万岁!"在这场斗争中,十余名同学受伤,百余名同学被捕。上海大学的师生在五卅运动中写下了悲壮的一页,他们所展示的革命精神和斗志勇气,给予了我们思考当代社会问题、推动社会进步的动力和启示。作为新时代的大学生,我们应该继承和发扬上大精神,为实现国家的繁荣与发展贡献自己的力量。

上海大学同样也凝结了我们新一代的青春梦想。我辈青年作为上大学子,应当牢记历史的教训和启示,以先烈为榜样,坚定中国特色社会主义道路自信,自觉践行社会主义核心价值观,为实现中华民族伟大复兴的中国梦奋斗终生!

20世纪20年代的上海大学作为中国近代史上的重要一环,其参与和推动了革命和教育的发展,体现了革命意识与追求真理的精神。我们要学会从中汲取力量和经验,将个人梦想与民族大业紧密相连,为实现中华民族伟大复兴的中国梦贡献自己的智慧。我辈青年要紧密团结在以习近平同志为核心的党中央周围,不忘初心、牢记使命!

最后,我想说的是,百年的历程联结起跨越时空的两代上大人,老上大的峥嵘岁月和奋斗精神必将永远激励新上大学子,共同创造中华民族更加辉煌的明天。

时代青年：扬帆起航，共赴新征程

社区学院　何欣露

从我踏进上海大学校门那刻起，我就明白，我的人生，我的青春，都将与上大紧密相连。在这所红色学府中，莘莘学子因为有梦而绚烂，因为努力而闪耀。作为一名新时代的大学生，我对未来的期待，对大学生活的幻想，对精彩人生的渴望，都寄托在这方天地，寄托在上海大学。在这里，我开启了新征程，开始了与母校共青春同成长的未来。

上海大学，一颗镶嵌在繁华大都市中的明珠。它不仅是一所拥有悠久历史的高等学府，更是无数闪耀梦想开始的地方。在这片充满活力与生机的沃土，学生们成长、进步、绽放青春。在这样一个拥有无限可能的地方，新的征程已经启航。

何欣露

当回首往事，我才惊觉我与上大的缘分似乎很久之前就开始了。在高中时期，我就曾接触过上大的老师。当时，学校外聘帅三三老师作为兴趣课程3D打印课程的任课老师，而我对大学老师的第一印象，正是来自他。幽默、温和，知识丰富，平易近人，教会了许多我从未接触过的知识，同时也让我对上海大学有了朦胧的初印象。而当真正进入大学生活，对老师们有了些许了解后，我发现原来我们背后支撑的力量如此强大。不论是辅导员、全程导师,还是专业课老师,他们都尽心尽力帮助学生发展、成长。我们如同初生的幼苗,在阳光雨露的滋养下茁壮成长。他们的辛勤耕耘,为我们筑起了知识的金字塔,也点燃了我们内心的火焰。在他们的引导下,我们学会了如何面对困难与挑战,如何在风雨中坚韧不屈。每一次的困惑与迷茫,都有老师耐心细致的解答;每一次的跌倒与挫折,都有老师温暖如春的鼓励。他们不仅教会我们如何求知,更教会我们如何做人。在他们的陪伴下,我们顺着青春的河流,经历着成长的蜕变。他们是我们人生旅途中最美的风景,也是我们心中永恒的灯塔。愿我们都能成为他们引以为傲的学子,在未来的岁月里带着这些温暖的记忆勇敢追梦。

在求知的路上,我也遇到了许多志趣相投的同伴。我们共同探索前进的路。我们一同学习,一同运动,一同成长,一同为更好的未来而努力奋斗。他们不仅是伙伴,更是知己。我们曾沿着泮池漫步,感受温暖的阳光与微风;曾结伴在自习室努力奋斗,在知识的海洋中畅游;也曾在体育场锻炼身体,挥洒汗水,感受体育竞技的美好。我们互相激励、互相支持,共同成长、共同进步。在上海大学中那些如诗一般美好的回忆,支撑着我,鼓励着我,是我们青春中最宝贵的回忆,也帮助我蜕变为更好的自己。我相信在未来,无论风雨如何变幻,我们都能保持那份对知识的渴望与追求。相信在各自的人生舞台上,大家都能绽放出最耀眼的光芒。

除了学术上的支持,上海大学还给我们提供了非常多的课外活动与实践机会,让学生可以尽情展现自己的风采。在学生组织中,我们自主办理活动,开展活动,组织活动。不论是安排策划、事务管理,还是组织宣传、活动总结,同学们都各施所长,尽全力让活动更圆满。通过这些平台,我们锻炼了自己的组织协调能力和沟通表达能力。

在母校的怀抱中,我逐渐理解了"自强不息,道济天下"的真正含义,逐渐成为一个有情怀、有担当的人。漫步在校园的小径上,我感受着历史与现代的交融。上海大学,这所拥有百年历史的学府,见证了中国近现代史的风雨沧桑。从最初的革命之光,到如今的国家重点大学,它如同一位智者,用它的故事诉说着岁月的沉淀与辉煌。1922年10月23日成立的上海大学,是中国共产党创办的第一所正规大学,代表着那个时代先辈们的努力。学校克服种种困难,艰难办学,吸引了四方热血青年为中国革命汇聚,培养了一大批杰出人才,赢得了"文有上大,武有黄埔"的美誉。而孙中山、陈独秀、李大钊、毛泽东、瞿秋白等伟人也在上大的发展中起到了极大的作用。他们关心学校,规划学科,指导工作,助力发展,使上海大学成为革命青年向往的"东南革命最高学府"。那些为国家独立、民族解放而英勇奋斗的先烈们,他们的精神如同璀璨的星辰,照亮了我们的前行之路。在他们的引领下,我们学会了坚忍不拔、勇往直前,明白了肩负的责任与担当。而现如今大精神更是有了新的升华与传承。在新时代,上海大学展现出了勃勃生机与无限活力。它继续传承着历史底蕴,并坚持与时俱进,培养了更多优秀人才,为中华民族伟大复兴贡献智慧与力量。这座充满活力的学府,正吸纳着世界各地的优秀人才,他们共同在这片土地上耕耘,传承着上大精神,也展现着新气象。我们身处一个变革的时代,机遇与挑战并存。而上海大学,作为一所与时俱进的高等学府,始终站在时代的前沿。这里的师生们,用他们的智慧与勇气,书写着新的篇章,谱写创新乐谱。在新征程中,我们看到了上大精神的延续与升华。这种精神,既有历史的厚重,也有现代的活力。它是对过去的敬畏,对未来的憧憬,也是对当下的热爱与拼搏。无数优秀的上大学子,用自身才华与能力,为自身争得荣耀,也成为上大的骄傲。

  如今回望过去,更明白上大的伟大,在未来的新征程中,我将带着上大给予的知识与美好的回忆,在未来勇往直前。我将用实际行动践行上大精神,为社会的发展贡献自己的力量。我愿燃烧青春,为共同美好的目标拼搏,不断追求卓越,创造新的未来。

一步又一步

社区学院　胡修远

天高气爽,碧空如洗,几只飞鸽从上空掠过,泮池旁,几只白鹅懒懒地伏在地上,我漫步其中,一步又一步,倾听脚下的沙沙声,享受着这份自然的宁静,思绪不禁飘向了远方。

我从远方走来

当高考最后一场的交卷铃声打响,我搁置下笔,长舒了口气,走出考场,回望高中三年一步又一步走来的脚印,无数难忘的晚自习下课后的闲逛,无数次在篮球场上的汗如雨下,无数次挫败后倔强地爬起,无论结果如何,我想这份记忆都会深深地植根在我的心底,在我的余生中不断盘旋生长。

胡修远

后来,由于各种奇妙的缘分的交织,我来到了上海大学,父母和老师都说,大学只是人生的另一个起点,一定要比高中时期更加努力,争取保研,为自己争夺更美好的人生;学长们说,大学是青春的开始,在大学里学习并不是唯一,要过好自己的生活。初入大学的校门我很迷茫,但是幸运的是,我遇到了许多人,我们一起并肩前行。

我们一起同行

首先是我可爱的舍友们，小周是上海本地通，一个对未来有自我清晰规划的人，对于当下的一切困境都会思考各种方法解决，是我可靠的"导师"。次巴来自西藏，是一位名副其实的潮男，喜欢各种社交活动，充分诠释了如何活在当下。阿陈来自贵州，是我们的开心果，游戏大神，平时总有些迷之操作可以把我们逗乐。而我，好像忘记介绍自己了呢，我来自山东的一个四线小城市，父母都是教师，从小到大我一直在他们的规划中成长，目标为何，平时要怎样努力，一切按部就班，虽然我并不太听话，但是学习也算有方向，进入大学后，我着实不知到底要干什么了。一方面，并不希望父母因为自己失望，另一方面，又希望释放被压抑的天性，这就导致了我时而在图书馆中泡上好几个小时，时而又在周末从夜晚玩到凌晨，再一觉睡到傍晚，渐渐地，这种浑浑噩噩的生活使我身心疲惫，在堕落与拼搏的挣扎中，我逐渐适应了大学的生活。

他们指引我方向

在这个历程中，有许多学长学姐无私地奉献了自己的时间和经验，其中白学长担任了我们宿舍四人组的导生。导生，就是上海大学指导督导新生的学生，这也算是我们上大的一个优秀传统了，在刚刚入学的一段时间里，白学长一直是我的知识库，每当有问题去问他，他总会耐心地解答，努力帮助我作出正确的选择，事实上，他也只是比我们早来了这个大学一年罢了，但是他真的帮助了我们许多。也希望来年的时候，我也可以像这样帮助学弟学妹们。就像前方有一座险峻的高山，我们一步又一步攀登而上，而后又回头帮助后来的攀登者，我们的前行，沿着之前攀登者们一步又一步踏出的印痕，而我们的足迹，也同样成为后来攀登者们的指引。正因如此，我逐步改掉了自己的坏习惯，一步一步地向着正确的方向前进。

在单调的知识学习的过程中，我还抽出时间参观了上大校史馆。走进钱伟长图书馆的二楼,映入眼帘的一句话立刻吸引了我,"国家的需要就是我的专业",这让刚刚经历过选专业挣扎的我深受启发,但同时也让经管专业的我有了疑惑:我这个专业是不是不能为国家作贡献?于是我特意了解了一下,我知道了如果能够清晰地认识经济的发展规律,就能服务国家经济建设,为人民生活和社会发展贡献自己的力量。在解惑后继续前进,我看到了"教育是要培养全面的人"的标题。这让我联想到了我们上大对通识课的要求,通识课让我们不仅局限于自己的专业,更引领我们用更开阔的视野来探索这个世界。此外,钱伟长老校长很重视体育教育,他年轻时就坚持体育锻炼,并从接受的体育教育中养成了坚韧不拔的意志品质,这为上大对体育教育的重视奠定基础。

回望百年,1922年10月23日,中国共产党创办的第一所正规大学——上海大学成立。这所"红色学府",是当时传播马克思主义和先进文化的重要阵地,为中国革命和建设培养了大批英才。1925年,上海大学更是成为五卅运动的主要策源地,为中国革命事业作出了卓越贡献。

我从思绪中走出,深感人生如同在泮池边漫步一样,一步一步从这里走到那里,从当下走向未来。我从山东的小县城一步一步走来,走进上海大学,望着前辈们、学长们一步一步所踏出的道路,望着与我并肩而行的朋友们,我的脚步不再迷茫,愈迈愈坚定,继续一步又一步向前走,在步履中续写自己人生的新篇章。

明日海上又新生

社区学院　李牧霖

昨日，我细细抚摸着面前的这块牌匾。

虽说是刚刚设立不久，只是短短的四五年，本该崭新锃亮，却好似饱经了数十载的风霜。四周的边框泛起裂纹，"上海大学"的字样也已蒙尘，板面的黑漆剥落，灰尘积聚在褪色了的面板上，反倒与这阴蒙蒙的天似乎有些相称。

我揉了揉湿润的眼角，强忍着，不让泪水夺眶而出。

学校不舍着我，我亦不舍着学校。

日后或许只能在冰冷的铁栅栏后远远看一眼了。

不甘涌入心扉，在别离真正到来的时刻，这般伤痛仍是难以承受。我一时不知所措，眼神中泛起了重重黯淡与昏暗。

不知从何处，此起彼伏的肺腑呐喊又隐约传来。回想这段时间里的点滴，守常先生讲演时的人心振奋，闻同胞受辱，义愤填膺；秋白先生声泪俱下，痛心疾首，振臂高呼。同学们无不爱国之心拳拳，热血满腔。这些，感染了我，鼓舞了我，激励了我。

同学们！去呐喊吧，去抗争吧，去解放吧！

李牧霖

可触目惊心的变革与风波又起,血的牺牲与教训不断出现。形形色色、方方面面的斗争仍在继续,我们却被迫离开了校园。

我向教学楼的方向望去,那时同窗们能在教室里各抒己见,争辩得热火朝天,百家争鸣,百花齐放。课上课下,充盈着活跃的思想,无休止的讨论,答案没有标准,心灵永远上进。

可当我回过神来,再看到残破的门窗——那分明是"反动派"来过了。

院子里也是同样破败的风景,枯草遍地,无人打理,也无生机。黯然失色的层楼也低着头,在为自己的孤单感到悲哀,在为大家的离去感而叹惋。

朦胧间,我又恍惚看到场院里同窗们的身影,或三两结伴,或齐聚群行。有人匆匆而过,有人闲庭信步,有人打趣作乐,有人静静相守。各自有各自的精彩,各自有各自的朝气。

一阵恶风呼啸而过,吹落了横幅,也将我吹回昏暗的现实。

我急忙跑过去将同学们仅存的回忆竖起,默默抚摸着杆子上坚硬的竹节,整理摆放好旗帜与标语。

它们一路都在跟着我们抗争。

苍劲的字体至今不减气势与豪情,口号背后赤诚与炙热呼之欲出。

我们在租界的街头到处演讲,广发传单,旗帜一挥,振臂一呼,我们誓要跟那卑鄙的帝国主义抗争到底!冰冷的弹雨与丑恶的嘴脸阻挡在我们革命的前方,但饱受欺凌的同胞和那满目疮痍的祖国正是在我们身后,我们绝不能忘却,这强加在我们大众身上的、本就不公平的苦难!我们若不走上前去,又有谁能站出来吼一声振聋发聩,惊醒麻木的群众?

那一刻,我们不只是同窗,更是战友。

一个人的力量虽小,底气尚且不足,但倘若我们联合坚定,团结诸方,绝不妥协于利益诱惑,任何诡计阴谋、渗透策反都无法动摇我们的信仰,终能还回我们一个海晏河清。

纵使我们以后天涯分散,纵使我们以后各自为业,但我明白,万川终归海,其势显磅礴。我们始终是在为同一个理想奔走,是在竭尽自己的所有,声声呐喊,济世济民。

我也坚信那一天,那独属于我中华的光明未来,必将到来。

抬起头一望,天边的云再阴暗,却也挡不住金灿的阳光,已经镶上了一层金边。看来阴霾的背后,也能隐隐约约见到太阳了。

我整理好了着装,背起行囊,向牌匾深深鞠了一躬。只不过,这次眼神中充满了的是坚毅与决然。

束好行囊,决心北上。那便不再回首,便只是向前奔走。

这不是结束,而是新的开始。

今日,列车呼啸而来,我跨上背包,踏上车厢,怀揣着激动与几分不安,从北方南下。

第一次一个人出行的旅途,缺少了依赖,更多的是思考。

那一步踏出车厢,迎来人头攒动的喧嚣,南来北往的匆忙,此起彼伏的声响,略窥一二这座城市的繁华。

这一步踏进校门,走进校园内筑的广阔,盛情学长的帮忙,处处迎新的饰繁,得见这所学府的轩昂。

踱过路旁林立的绿荫,脚下传来粗糙的质感,碎石层布,忽而发觉来到了溯园。我姑且暂时先放下初来乍到的焦虑,去尝试着独自探索未知。

时针转过一圈又一圈,脚步走过一圈又一圈,抚摸过层层叠叠的墙壁,镌刻其上的金石,拾级而下,沿着历史箭头的方向溯源。看过先贤一位又一位,憧憬传来一阵又一阵,百年前的身影跨越了时空,我也能清晰地感受到那份沉甸甸的历史与薪火的传承。

我的心境如同百年前那些前辈们一样五味杂陈,关于生活,关于自立,关于融入……想到自己未来的那些问题,依旧没有答案。

我缓步离开,继续东去,进到层楼环绕的钱伟长图书馆之中,去追寻自己的前途的方向。

左脚迈进书香谷,见到四面无不环书,第一次震撼于被层层典籍淹没的感受。不打扰那些正在专注攻读的同学,我静悄悄地踱步几周,近距离接触这书海的浩瀚。

想来,日后我也会是这里的常客吧。

右脚迈进独属于上大的博物馆,看上海变迁,听沪语方言,与海派文化亲切地打个招呼,见证三星堆同罗丹的跨时空对话,原来只是听说过的文物,现在的的确确能够亲眼看到。最后,在感动与崇敬中,向老校长钱伟长的爱国情怀和崇高品德致敬。

馆外阳光普照下老校长的雕塑,正眺望整个校区,似乎很乐意感受我们的朝气,也祝福着我们的未来。

与复原的老上大红瓦与牌匾相对的,是矗立在蓝天下的图书馆,它将继续见证无数日升日落与人来人往。

不安被新奇替代,焦虑由上进填补,我选择开始进一步了解这里,体会这里特有的生活与魅力。与特有的三学期制见个面,从夏过秋直到入冬。

我却总是品味着繁忙,但当我第一次体验到忙里偷闲,在急促的步伐中停顿下来时,却为生活中不经意的浪漫所惊艳。

或在走廊间,火烧的枫叶就静静地在那一隅。群楼之间,匆忙之间迎面撞上的桂花香,以及随意闲逛也能偶遇的香樟。

或在泮池旁,就仿佛事先悄悄约定,下午课程结束后总能遇见的落日与晚霞。

那片天空和火烧的云组成了画布,晚照的斜阳调成特制的颜料,也不知是被谁无意间打翻,恣意泼洒其上。或是灰红色的晚霞,池边远处霓灯初上,为画框镶上了金色,我们便有幸,遇到这幅偶得的油画;或是艳阳高照,只看晴空,只看开朗;抑或烟雨空蒙,欣赏这雾气蒸腾的池与俏打水梢的柳。

看菊花一盆盆摆放,造型一点点雕琢,看过菊墙一扇,景观四落,园里群菊聚堂,花与草相得益彰,便知二十一载菊文化的传承与匠心,尽情感受这般文化氛围。

在一个无云的晚上极目远眺,小小期盼着流星一条。听着楼下空地逐渐聚集起来的惊呼和喧闹,最终见到那划过的一闪,倏然消失在夜的漆黑中,也不枉饱吹的寒风与坚守的漫长。

我会沉醉在即使已入冬,天气却还是能回暖,暖到甚至能再识桂花香的惊喜中。也会沉浸在第一次近距离接触先进科技的新奇中,看到工程训练中心打造的一条前沿流水线,亲手操作机械臂,剪纸重章,灯影木雕,机械工巧,欣赏纪念小球工艺结构精巧,甚至为此萌生了转专业的冲动。

我只是沉醉在不经意间的美好,为生活增添上意想不到的暖光。

我也有考试周前的灯火通明,记得在自习室里全天候奋笔疾书,紧张得一目十行。

记得每次准备小组的内容展示,研讨课上的思想碰撞,上课讲座,听老师们分享趣闻,而不单单是枯燥地学习知识。结识来自各地的同学,一起活动,遇到人与事形形色色。在球场上独自练球,也能中途和并不认识的同学们相遇,他们也很温柔,悉心体贴教导,帮我提升这略显笨拙的球技,倾囊相授。

这里的人呀,亲和而又可爱。

我能将心事同泮池里的鲤鱼吐露,就让风吹来温柔,就让这般景抚平我的焦虑。

看过沿路风景,叹过都市繁华,上大同上海一起用这般包容的文化接纳了我。

这些是我们第一次经历的,也是我们必须经历的。

我回到溯园,再次抚摸着墙壁上镌刻的一金一石,现在,我似乎能做出回答了。

这又将是新的开始。

我把青春献上大，上大就是我的家
——记为上海大学奋斗四十载的李伟老师

管理学院　李伟
文学院　邓冰冰

"我把青春献上大，上大就是我的家。"看似普通的一句话，却是李伟老师与上海大学四十年来双向奔赴的深情告白。

1984年，李伟老师刚从上海交通大学本科毕业，就走进上海科技大学精密机械系，开启了他的研究生生涯。而那年正逢上海市人民政府作出四校合并组建新上海大学。于是，几乎是从入学那一刻起，作为建设新上海大学的第一批新青年，他的成长轨迹与新上海大学的发展轨迹，就命运式的重叠在一起了。

四十载斗转星移，李伟老师从第一届研究生联合会主席开始，毕业后留任学院讲师，他也曾前往日本东京大学工学部做过访问学者，担任过上海大学第一任校友办主任，校办副主任；担任过研究生工作党委书记，兼任过艺术中心主任、公共外交研究院院

李伟

邓冰冰

长;履职过上海大学校长助理等职务。今年,他以上海大学管理学院党委书记的身份迎来退休。正如李伟老师常说"我把青春献上大,上大就是我的家。"他在40年时光中为上大辉煌画卷的绘制增光添彩,同时也成就了自己的炽烈人生。

  李伟老师记得1996年留学归来时,正值新上海大学组建成立两周年,是需要建立学校认同感的重要时机。钱伟长校长曾任清华大学的校友总会会长,他深知校友会之于学校凝聚力建设的重要性。于是,他从一众人中选择了李伟老师任校友办主任,既看重这位年轻人的活力,也希望李伟老师能够深耕于校友工作,做出上海大学校友工作的特色和品牌。于是,钱伟长校长约李伟老师到延长路乐乎楼详谈。在这三小时中,钱伟长校长从20世纪初贤达汇集上海大学,于风云变幻之际书写中国革命史与教育史的壮举,谈到半个世纪之后新一代学人立志赓续这一精神育才树人的宏愿,校友会的重要性以及未来工作的重点,一桩一件娓娓道来。从屋子里出来之后,李伟老师才发现出了一身的汗,他西服里套着毛衣,毛衣里的衬衣湿透了,却依旧是热乎乎的,一来是因为房间里热气足,二来是校长的谈话让他的热情在冬日如火焰般燃烧。

  不久,校友会以新上海大学三周年校庆的校友回母校活动为契机开展校友工作,但这个序幕却开得不容易。首先就是要确立上海大学的校庆日,合并组建前的四个学校都希望将原来学校的校庆日定为新上海大学的校庆日,如何达成共识呢?在多方讨论下,5月27日被定为新上海大学的校庆日,为了庆祝这一新的起点、新的征程和四校共同归宿的形成,李伟老师和他的同事们一起做了大量的工作,终于将四个学校校友的联络信息收齐,并在三周年之际编制了《上海大学校友通讯》,这本书由钱伟长校长亲笔题名,校友们的来稿汇成了厚厚的一本。

  校友工作开展之初,钱伟长校长就提出一定要重视老上海大学的校友联系。但20世纪初的校友或已献身革命事业,或经历半个世纪再难寻到踪迹,钱伟长校长就提到前任国家主席杨尚昆就是老上海大学校友的杰出代表。这让李伟老师可犯了难:"校长,我要到哪里去联系杨尚昆主席呢?"钱伟长校长爽朗一笑,说:"你赶快到中南海去找他。"

世上无难事,只怕有心人。过了几天,李伟老师找到了新的思路,他向钱伟长校长做汇报说联系到了重要校友羊牧之先生。羊牧之先生系瞿秋白先生的秘书,他曾随瞿秋白先生到上海大学从事革命工作,毕业于上海大学,在战乱中辗转回到家乡常州,此后一直从事教育工作。钱伟长校长听罢拍手叫好,催促李伟尽快拜访羊牧之先生,又叮嘱李伟礼数要到位。

李伟老师前后准备了一周,准备好了鲜花礼品去常州,在门口就遭了羊牧之先生七十几岁儿子的"责备",老人问李伟为何打了电话之后三天才来,李伟只能回答他在精心准备,老人说:"你知道吗?我爸爸听说有上海大学的人来看他,穿着干净的中山装,坐在床上等了你三天。"李伟赶紧赔了不是进了门。羊牧之先生见了他,第一句话就是——"上海大学终于有人来看我了。"

李伟老师说,在那一刻,他真切地感受到了新世纪前夕建起的新上海大学与20世纪20年代的红色学府的一脉相承。就像对于羊牧之先生来说,七十载年华过去,上海与上海大学依旧如常常萦绕脑海的青春梦乡,往事不仅有老校友们惦念,更依赖后人的书写与传承。在此后的教育工作中,李伟老师每每想起拜访老校友的日子就心潮澎湃。也难怪钱伟长校长在李伟负责校友办公室之初就强调要做好上海大学校友们的联系工作,三十年后,校友们成了改革开放后中流砥柱的新生代,校友工作多年深耕的重要性,在上海大学丰富的校友资源中得到了印证。

在随上海大学一起奔向建设世界一流、特色鲜明的综合性研究型大学的长跑过程中,如果说李伟老师前半程的工作致力于为上海大学在前行过程中提供补给,为汇入上海大学轨道的校友们提供"一块毛巾",为奔向人生更多可能性的校友们送去"一瓶矿水"。那么李伟老师后半程的工作,不仅在育人、树人方面发挥着中坚作用,还在"识千里马"的过程中修炼成为"伯乐"。在担任研究生工作党委书记时,他身先士卒,诲人不倦,谆谆教导年轻人,把党的事业及上海大学的利益放在第一位,培养了一批又一批的年轻才俊,这些年轻人不负众望,日后纷纷走上了重要的工作岗位。

在兼任艺术中心主任期间,李伟老师带领学校艺术团奔赴爱尔兰等国访问演出,开辟了上海大学组团出国表演的先河,充分提高了上海大学在全球的声誉和影响力,让来自上海大学的欢快的旋律、音乐的种子播撒在世界的大地上。

2016年,李伟老师到管理学院担任党委书记,在繁忙的工作之余,开始率领管理学院负责湖北省的招生宣传工作,他们走进高中与学生面对面宣传,走进社区为家长们答疑解惑。在招生宣传上,上海大学或许是后来者,但是却有着绝对的热情与包容,希望将每一位与上海大学在建设世界一流高校的过程中双向奔赴的学子都纳入自己的羽翼之下,帮助他们展翅翱翔。

李伟老师还记得在一次高校招生咨询会上,一位女孩的父母专门找到摊位前,询问为什么他的女儿考得那么好,在一众985高校中却铁了心要报考上海大学。一照面,李伟老师便清楚记得两年前见过那个女孩,当时的她在大礼堂宣讲会的互动环节上告诉李老师她一定会报考上海大学。于是,他对女孩的父母说:"你们要相信女儿的选择,你们的女儿在两年前就对上海大学有了透彻的了解,凭借着这股热爱获得了好成绩,也正是她对于自己的未来有了清晰规划,才最终坚定选择了上海大学。"听了李伟老师的一番话,女孩父母的脸上出现了欣慰的笑容。

上海大学是人生发展中非常好的一站,李伟老师始终这么认为。他曾经被外交部派往莫斯科大学参加一次会议,临近会议他才发现自己的名字赫然列在主席台上,是作为致辞嘉宾前去的。于是他改变了临行前准备的学术稿件,讲自己傍晚降落在莫斯科那一刻心头涌起的旋律——《莫斯科郊外的晚上》,说:"这种共同的记忆,共同的心声,让我相信同为以城市命名的高校,上海大学一定能在不久的将来与莫斯科大学并驾齐驱。"语罢,掌声雷动。后来,莫斯科大学的常务副校长坚持要来接见李伟老师,他说他有两所必须接待的中国高校,一所是北京大学,另一所就是上海大学。

在上海这座不断创造奇迹的城市里,上海大学也会是那个帮广大学子创造奇迹的家人。就像李伟老师会永远记得,1998年第一届全国校友工作研讨会在云南召开的那一天,他独自在一屋满头白发的各校同仁中,博得了满堂彩。

值此新上海大学组建30周年之际,学校的校友工作、招宣工作等,在各方的共同努力下,如同青春的新上海大学一样正在蓬勃发展。

忆往昔上大,看今朝你我

社区学院　李子昂

在纷乱的岁月里,你作为一个旧中国的"革命者",目睹着社会的动荡和人民的困境。20世纪20年代,你饱受着战火的洗礼,见证着希望的曙光和痛苦的挣扎。那时,中国社会充满了封建思想的束缚和不公的秩序。贫富悬殊,压迫与剥削无处不在。农民的生活困苦,工人的权益被践踏,而统治阶级却纵情享受着奢华和特权。每一次愤怒的呐喊,每一次不甘的叹息,都在你的心中激起了无尽的愤怒和热血。

李子昂

你,是中国共产党实际领导的一所新型革命学校,也是中国共产党最早创办的一所培养革命干部的大学,你在中共党史和人民教育史上谱写了灿烂的篇章,你有一个响亮的名字——上海大学!

"北有五四时期的北大,南有五卅时期的上大""武有黄埔,文有上大",这些都是对你的崇高赞誉。

在那昏暗的年代里,从校长于右任,到总务长邓中夏、代理校务主任陈望道,再到教师恽代英、蔡和森、张太雷……这样一群人,不甘种种的不公和压迫,燃烧着内心的火焰,追求着一个公正、平等的社会,渴望给每个人以尊严和自由。因为他们执着地相信,只有通过教育,才能将这个国家推向光明和进步的道路。他们追求的不仅仅是人们思想的转变,更是人们心灵的解放,他们梦想着一个没有剥削和压迫的世界,一个每个人都能为自己的命运负责的世界……

然而,历史的车轮滚滚向前,你也在风云变幻中不断磨砺。历经屡屡洗礼,遭受战火硝烟的侵袭,你时而四处辗转,时而流离失所。1927年,在反动势力的镇压下,你逐渐销声匿迹。然而,坚忍不拔的信念在你内心深处升起,它们将这片土地转变为一片理想的天空,照耀着前进的方向。

"流光一瞬,华表千年",你那红色的血液终于流向了新时代。

1994年5月27日,在钱伟长老校长的振臂高呼下,新上海大学成立了。在几十年的风雨飘摇后,你终是焕发了新的生机活力。"雄关漫道真如铁,而今迈步从头越",新上大人在钱老的殷切嘱咐下,怀揣着始终如一的初心,将长达百年的红色基因赓续壮大。

"我没有专业,国家的需要就是我的专业",初听到钱老的这句话时,我就已被深深触动。当我凭借着文字的舞蹈,将思绪编织成夜的诗篇时,我感受到国家的脉搏在我体内悄然跳动。当我抒发着对美的追求,将情感的火焰点燃在作品的每一个字眼中时,我发现国家的需要已经与我的内心紧密交融。我明白,这不仅仅是钱伟长老校长一生的追求,更是吾辈青年所应笃信的爱国情怀,它比任何专业更加强大。怀揣着这一感悟,我坚定地想要加入了这所"红色学府"……

"筚路蓝缕,玉汝于成",2023年秋,我终于拿到了属于我的上大录取通知书。

初次踏入上海大学的校园,仿佛穿越时空的门户,走进了一段悠久的历史长河。这里是知识的殿堂,文化的摇篮,青春年少的学子们在这里汲取智慧的甘泉。老上海大学的旧址光辉犹在,匍匐着岁月的痕迹,它承载了无数青年的足迹,见证了无数梦想的焕发。我瞻仰着这座历史的建筑,不禁被沉浸其中的文化底蕴所震撼。图书馆矗立在校园的中心,雄伟而庄重,宛如一座古老的塔楼,这是一座知识的瑰宝殿堂,书架上堆满了世界的风华与智慧。我打开一本古籍，似乎能听到那个年代的悄然呢喃。我翻阅一本经典，仿佛能看到历史的风云浩荡。在这里，知识的海洋向我呼唤，文学的宝藏等待我去探索。在这里，我感受到了时光的深邃，历史的厚重。走出图书馆，泮池在熠熠阳光下波光点点，将上大的故事娓娓道来。几只白鹭翩然飞舞，荡起涟漪。湖边的柳树轻轻摇曳，投下斑驳的阴影，给人以岁月静好的祥和。我逐渐迷失在校园的美景中，却更加坚定了心中熊熊燃烧的理想信念。

"追风赶月莫停留，平芜尽处是春山"，我在上大笃行不怠的同时，也发现了上大中蕴含着的独特人文魅力。

上海大学的老师们，如星辰般照亮着我们的求学之路。他们不仅拥有深厚的学识，更熔铸了精神的火焰。教室里，他们以学识的智慧引导我们，用激情的讲授点亮我们的思绪。办公室中，他们细致耐心地倾听我们的困惑，给予正确的指引。他们身上富有治学的精神，追求着学术的深度和广度。他们笃信知识的力量，怀着对学术的执着追求。在他们的带领下，我们探索着知识的海洋，抵达了认知的新境界。他们不仅是传授知识的导师，更是育人的引路人。他们耐心倾听我们的心声，关注我们的成长，给予我们专业的指导和人生的智慧。他们用成熟的思想与年轻的心灵进行对话，激发我们的潜能，催生我们的希望。他们的教诲如同一股温暖的风，吹拂在我们的心间，激励着我们追逐理想，勇往直前。

在上海大学的校园之中，同学们彼此亦是连结成了一道道绵延的山川。我们相聚于教室、图书馆，抑或风吹草长的操场，共同经历着学业的磨砺和生活的点滴。每一次的相聚，都像是一次奇妙的旅行，带给我们无尽的欢笑与回忆。我们一同追寻知识的宝藏，相互激发灵感与智慧。在图书馆的角落中，我们一起探寻书籍的世界，分享着阅读的喜悦与思考的启迪。在实验室的长桌旁，我们并肩合作，解析科学的奥秘，共同探索未知领域。我们一起走过风雨，度过人生的起伏。在一次次的团队实践中，我们紧密合作，克服困难，共同创造出令人骄傲的成果。秉着"先天下之忧而忧，后天下之乐而乐"的谆谆教诲，我还加入了上海大学青年志愿者协会，"青春有我，志愿上大"，我在服务他人的过程中不断实现自我的价值，也不断丰富着我的校园生活。在这里，我与所有上大学子共同成长,共同追逐梦想,并将这段青春岁月永远珍藏在我的记忆深处。

"身如芥子,心藏须弥",古老的历史必将铭记,新时代的号角正在吹响。

上海大学啊,你在那样的年代中将红色的精神延续并带给我们,我们又怎能忘却你给予我们的教导,又怎能辜负你交付予我们的使命?道阻且长,行则将至;不忘初心,砥砺前行。吾辈青年会带着你的历史荣光,在新时代的中国散发出熠熠光芒!

迈向新里程，书写青春篇章

社区学院　罗宏宇

告别了高中的青涩，褪去了备考的阴霾，我们怀揣着梦想，踏入了大学的殿堂。这一刻，我们站在人生的新起点，准备迎接更为广阔的知识海洋和无限可能。大学，一个充满活力与挑战的地方，为我们敞开了谋求发展、实现自我价值的大门。挣脱了高中时代的束缚，我们犹如断了线的风筝，拥有了更多自由探索的空间。然而，这份自由并非无源之水，它需要我们以更高的自律去珍惜、去维护。在大学的课堂上，我们汲取着知识的甘霖，感受着智慧的光芒。老师们为我们搭建起坚实的知识体系，引导我们在学术的海洋中畅游。同学们相互讨论、探讨，思想的火花撞击出璀璨的结晶。我们追寻着真理，敢于质疑权威，勇敢地为自己的信仰和理念发声。

罗宏宇

学习生活

大学的生活，不仅仅是对学术的追求，更是心灵的磨砺。我们在这里结识了来自五湖四海的朋友,共享着彼此的喜怒哀乐。我们一起奋斗、一起成长,学会了宽容、理解和尊重。在友谊的滋养下,我们茁壮成长,褪去了曾经的青涩,变得更加成熟、更加坚强。

早晨,阳光穿过窗帘,洒在宿舍的床铺上。同学们揉揉惺忪的眼睛,开始了新的一天。课堂上,他们聚精会神地听讲,勤奋地记笔记。课后,他们在图书馆和实验室里钻研,探索知识的深渊。在这里,他们学会了独立思考,锻炼了解决问题的能力。

课余时间,同学们欢聚一堂,开展各种丰富多彩的活动。运动会、文艺晚会、社团招新,无论是体育达人还是文艺青年,都在这里找到了自己的舞台。他们学会了团队合作,锻炼了组织协调能力。这些活动不仅丰富了校园生活,也加深了同学们之间的友谊。

周末,同学们走出校园,走进社会。他们参加志愿者服务,关爱留守儿童,关注环保问题。在社会实践中,他们学会了关爱他人,承担社会责任。这些经历让他们明白了,大学生活不仅仅是传授知识,更是培养有社会责任感的人才。

夜幕降临,华灯初上。同学们相聚在宿舍,分享彼此的喜怒哀乐。他们谈论着未来的梦想,规划着人生的道路。在这个大家庭里,他们互相支持,共同成长。

在上大的时光,如同一幅丰富多彩的画卷。新时代的学子在这里挥洒汗水,拼搏进取,描绘着属于自己的青春篇章。无论是社团活动、志愿服务,还是实习经历、学术研究,我们都收获了宝贵的财富,为未来的职业生涯奠定了坚实的基础。

上大精神

新中国成立之初,上大师生充分发挥红色传统,从上海大学走向新中国,积极参与国家建设。他们心怀家国、舍生忘死,为了民族的繁荣与国家的昌盛不懈努力。这些英勇事迹,成为我校红色校史中闪耀的明星。正是在这样的氛围中，上大精神得以孕育而生。

上大精神是一种坚定的信仰，是对国家、民族的炽热情感。它激励着一代又一代的上大人前仆后继，投身于祖国的各项事业。从革命年代的英勇斗争，到和平年代的奋发向前，上大人始终坚守着这份信仰，为实现中华民族伟大复兴的中国梦而努力拼搏。

上大精神是一种严谨的治学态度，是对知识的执着追求。我校师生敢于创新、敬业乐群，为实现国家科技创新、文化繁荣作出了巨大贡献。在新时代的征程中，上大人将继续发扬这一精神，以严谨的态度、卓越的成就，为祖国的繁荣发展贡献自己的力量。

上大精神更是一种崇高的道德品质，是对社会责任的勇于担当。上大师生不仅关注个人成长，更关心国家民族命运。在人民需要的时候，他们挺身而出，用自己的实际行动诠释着上大精神。在未来的日子里，上大人将继续发扬这种道德品质，为实现公平正义、建设美好社会发挥积极作用。

站在新时代的历史坐标上，我对红色校史有了更加深刻的感悟。上大精神已成为一种基因，深深烙印在每一位上大人的心中。它既是我们的骄傲，也是我们前行的动力。我们要继续传承和发扬上大精神，为实现中华民族伟大复兴的中国梦而努力拼搏，为祖国的明天贡献我们的智慧和力量。

红色传承

在一个阳光明媚的午后，我独自坐在图书馆的一角，翻阅着学校的历史画卷。那一段段红色的校史，仿佛诉说着一代又一代上大人传承不息的精神追求。随着时光的流转，我仿佛穿越时空，亲眼见证了那些英勇奋斗、敢于拼搏的上大英雄们。

上海大学自创立之初，便与五卅运动紧密相连。这次运动不仅彰显了上海大学师生的爱国情操，也揭示了上大精神的核心内涵。上大精神就是敢于担当、勇于斗争，坚守信仰、矢志不渝，团结一致、共同进步。这种精神在上海大学的历史进程中，不断激励着师生们为民族独立和人民解放而奋力拼搏。

五卅运动中,上海大学师生积极投身革命活动,宣传爱国主义,抵制帝国主义的侵略。他们在五卅运动中展现出的勇敢、智慧和团结,是上大精神的生动写照。随着革命进程的不断推进,上海大学逐步发展壮大,成为培养革命人才的重要基地。

时至今日,红色校史依然熠熠生辉,上大精神始终传承不衰。在新的历史时期,上海大学继续秉承红色传统,紧密结合国家战略,为民族复兴贡献力量。上大精神已经成为一种宝贵的财富,激励着一代又一代上大人勇攀科学高峰,锐意进取,为祖国的繁荣昌盛贡献自己的力量。

面对未来,我们要继续弘扬上大精神,传承红色基因,牢记历史,珍惜来之不易的和平环境,深入学习党的光辉历程,坚定信仰信念,自觉践行社会主义核心价值观。同时,我们还要紧跟时代步伐,不断提高自身综合素质,为国家的科技创新、经济发展和文化繁荣贡献力量。

如今,我们站在人生的十字路口,展望着未来的诗意与远方。让我们紧握时光的钥匙,勇敢地迈出每一步,书写属于我们的青春篇章,以实际行动诠释新时代青年的风采。

在这段美好的大学时光里,让我们携手同行,共同迎接光辉的未来!

心中的那片海

法学院　罗翼婕

上善若水,海纳百川,大道明德,学用济世。时光匆匆,转眼间从出生到高考的十八年如溪水汇入海洋,我似乎正奔往心中那片新的海,抬头望见图书馆里的这十六个字,我缓缓落笔写下这篇文章,把我和上大的故事说给你听……

来上海之前我曾问自己一个问题——上海有海吗？我想,是时候给自己一个回答了。

还记得来上大报到的那一天,我一个人骑着自行车漫无目的地晃荡着,就好像从小溪初入大海的鱼儿既新鲜好奇又有些惶恐。我看到三三两

罗翼婕

两同学聊着天笑着走过,我闻到夏天阳光的味道,我也感受到泮池旁微风的抚摸。我曾无数次幻想过大学是一个怎么样的地方,那些想象光怪陆离、天马行空,但当我踏入上大校园的那一刻起,那些设想全都变成了上大的模样——一片自由的海。

其实我有时也会想现在的生活和当初设想的并不一样,不那么轻松,不那么浪漫,也不那么随时随地都充满激情；但校园里总有那么一个瞬间,总有那么一个画面,会突然和我脑海里最鲜活最明亮的那个想象重合,给我最浓烈的

自由感。

或许是那个清晨，泮池边洒落的阳光，迎面飞舞的柳絮，满是绿意的草坪；是去往一场场教授侃侃而谈、偌大教室座无虚席的讲座；是参加一次次如火如荼热闹非凡的社团活动；是在某个黄昏，站在J楼天台上，感受拂过发梢的风，看楼下熙熙攘攘的人群，远处满眼清新，转身是林立的教学楼和灯火通明的图书馆；是在某个无事的夜晚，从弘基广场结束饕餮盛宴，悠闲地散着步去买奶茶和水果，看着路上三五成群的人们，就像电影里校园生活主人公一样，每个人身上洋溢着最张扬的青春。那个时候上大的一切都带上了自由的滤镜，充满了自由的气息。

有人说，大学是社会的缩影，但我想，"上善若水，海纳百川"的上大不是静止的、孤立的象牙塔，它依然是学子心中那片最包容的海。

包容是上大给予我们最珍贵的财富，在这里，每个人都被允许怀着不同的梦想，做自己认为值得一做的事情。选课时自排自选的包容，培养方案中跨专业、跨学院的全面探索，专业分流时"听从内心，选你所爱，爱你所爱"的谆谆教导……上海大学鼓励学生自由选课，从更广阔的领域获取知识，探索真正的内心所爱。如今，上大与时代一同前行，包容着这片学海里每条鱼儿个性的灵光，也鼓励着我们找到心之所向，在伟大时代成就最好的自己。

有理想主义者，就有现实主义者。当自由包容的人文火种，正在被一代又一代学生传下去，上海大学承担的责任感和神圣感比以往任何时候都要清晰，星空之下"自强不息"是我心中这片海最蔚蓝的底色。

我曾想象着百年来的某个夜晚，上大的先辈们仰望的天空也是这般广袤无垠，深邃蔚蓝，他们是否也会像我一样有过迷茫？但历史告诉了我答案——自强不息。"石库门里办大学，红色教授传真知，五卅运动多喋血，革命火种播四方。"一代代上大人砥砺前行，感受着上海大学这所红色学府不断发展的百年脉搏。这份"自强不息"也改变了我。回顾一年来的大学生活，我有过对未来的迷茫，有过对成长的欣喜，有过汗水，也有过失落，但我并不后悔自己所走的每一步。无论成败，我都有所进步，这便足够了。在我不断地挑战自己，突破自己的舒适圈，我所学到的东西是我十八岁以前任何一段时期都无法相比的。

所以,上海真的有海吗?我想你脑海里一闪而过的那个画面已经给了你答案。

夜晚蔚蓝星空下,教学楼、图书馆、实验室,泮池边每一盏路灯汇聚成无数光点,像流动着光芒的海面,所有的学子穿行其中,像游弋在海里的鱼,每个人的梦想漂浮着,那是海上的岛屿,在我眼里这样的海比真正的海洋更加辽阔。

人生之路漫长,我与这方两千亩的广阔天地的故事也才刚刚开始,但还是想把这个故事讲给你听,因为我相信,在这片自由包容、自强不息的大海里,梦想的彼岸不再遥远……

我在上海大学的十年

材料科学与工程学院 宋艺

从接到邀稿就一直在回忆,我和上海大学的点点滴滴。那时我们高三第一次模拟考试刚出成绩,班主任让我们根据分数和往年录取结果来定自己的目标大学,那是我第一次了解上海大学,也把它定为了我的目标,不负众望,2013年,我以高考591分的成绩从河北衡水中学考入上海大学材料科学与工程学院金属材料工程专业学习,开始了我的象牙塔生活。

宋艺

初入上海大学时,辅导员就告诫我们:上大学子,自强不息。在大学的四年里,我学到的远不止课本上的专业知识。此时此刻,我的脑海中浮现很多个第一次,很多个"我":第一次上新生研讨课"走进民法"时模拟法庭上好奇的我;第一次上游泳课时紧张的我;第一次金工实习时兴奋的我;第一次参加公益活动时害羞的我;第一次去宝钢参观时震惊的我;第一次拿到奖学金时高兴的我;第一次考试周复习时忙碌的我;第一次在尔美食堂吃石锅拌饭时满足的我;第一次在田径场参加短跑接力时飞奔的我……那一年是新上海大学合并组建20周年,那一年我也正好20岁。

对知识的向往驱动着我像前辈们一样选择了攻读研究生。本以为研究生是在本科学习的基础上学习更难一些的知识,但是现实并非如此。文献阅读课的分享汇报一个学期就有五六次,还要学习实验室的仪器操作、分析数据,撰写论文,我也和无数研究生一样经历过实验的失败、仪器的"罢工"、论文的修改。我很幸运,导师、师兄师姐们都很友善。从培训中悉心指导,到组会上答疑解惑;从学术会议到日常交流,我深深地感受到了这样一个大家庭的温暖。

2020年,我硕士毕业,留校成为一名研究生辅导员,我作为领队,带领百余名上大"小叶子"完成了第三届进博会志愿服务工作,指导学生参加寒暑假社会实践、"知行杯"赛事,与同事一起携手举办一次次的活动,我也在其中一次次地历练、成长。2021年年初,我开始从事本科招生宣传工作。每次当学生家长问该选什么专业的时候,我都可以用自身经历来向家长讲述我在上大的成长经历。

2024年是全面贯彻党的二十大精神的第二年,中国以"很坚实""有力量""见神采""显底气"的步伐砥砺前行。在这一年,我带的第一届学生已经踏入了各自的工作岗位,希望他们在新的人生旅程上,以天下为己任,努力成长为堪当民族复兴大任的时代新人,在实现中华民族伟大复兴的时代洪流中踔厉奋发、勇毅前进!

此刻,我坐在返程回家的高铁上,十年之间,这班列车我已经坐了无数次,它见证了我从一名大学生到一名教师的成长历程。时光荏苒,十年时间匆匆而过,我见证了学院、学校一步步的发展,我所学的金属材料工程专业通过了工程教育专业认证,成立材料基因工程、无人艇等多个高新科技研究院,上大校友研发的机器人登上春晚舞台等无数个高光时刻。同时,上海大学也见证了我从初入校时的稚嫩脆弱到如今的成熟坚毅,从什么都不懂的新手小白到现在的信手拈来。这一切都得益于学校对我的悉心培养。十年里,我们有幸见证了学校取得的一系列辉煌成就,学校也见证了一批又一批学生的成长和进步。我相信,在我们所有上大人的共同努力下,下一个十年,肯定会更加精彩!

2024年恰逢新上海大学合并组建30周年,是上海大学的聚力之年、提质之年、攀登之年,也是我的而立之年。作为一名学生工作者,要紧密结合学校教育实践,引导学生牢记初心、努力学习,在平凡的岗位,为学校发展贡献自己的力量。

跨越时空的对话

社区学院　王语彤

青铜之光

三星堆的古韵与罗丹的现代艺术在上海大学相遇，仿佛是一场穿越时空的奇妙对话。三星堆的青铜艺术，映照出古蜀文明的辉煌与灿烂，在岁月的尘埃中熠熠生辉；而罗丹的雕塑作品，则如幽谷中的清泉，静静流淌在时光的长河中，低语着现代艺术的壮丽诗篇。一个源于古老的东方，一个兴起于西方的文艺复兴，两者虽地域迥异，却都蕴含着对生命、对美、对信仰的深度思考，展现出同样旺盛的生命力。

王语彤

三星堆与罗丹的交汇，不仅是东西方文化的美丽碰撞，更是人类艺术兼容并蓄、融合创新的见证。它们都以独特的艺术语言，诉说着各自的故事，展现出强烈的艺术感染力。三星堆的文物以其宏伟、神秘和精致的风格，引领我们领略古蜀文化的独特魅力；而罗丹的雕塑则以其细腻的表现手法，深入人心，传递出深刻的思想和情感。

从巴山蜀水的神秘古韵，到塞纳河畔的现代理性，东西方文化在这里交织、碰撞、绽放。三星堆与罗丹的艺术作品,犹如一座跨越时空的桥梁,将我们带入了历史的交汇点。它们共同演绎了一首跨越时空的交响曲,使"青铜之光"与我们的心灵同频共振。

这场跨越时空的对话,不仅让我们感受到古蜀文明的辉煌璀璨,更见证了现代雕塑的个性雄浑。在历史的交汇处,我们发现了共通的灵魂——对美的追求、对生命的敬畏、对信仰的坚守。这不仅是一场艺术的盛宴,更是一次心灵的洗礼,让我们重新审视自己的文化根源与艺术追求。这种交融与碰撞,不仅让我们领略到东西方文化的异同,更让我们感受到文化的包容与创新。在这场对话中,我们看到了人类对生命、对美、对信仰的共同追求,也看到了不同文化在交流中产生的新的火花与灵感。

青铜之光特展成功举办的背后是不断奔跑着的上大,是始终秉持"上善若水,海纳百川"的上大,更是具有深厚文化底蕴的百年上大!她为我们提供了无尽的精神滋养,使我们不断奋进、勇往直前!

红色历史

1922年,上海大学诞生,犹如一颗璀璨的明星,闪耀在中国的教育天空。作为国共两党交流期间中国共产党创办的第一所正规大学,它经历了无数的困难与挑战,却始终坚韧不拔,为中国的革命和建设培养了无数杰出的人才。

当我们回顾那段历史,心中不禁涌起无尽的敬意与自豪。那时,上海大学吸引了无数的热血青年,他们为了理想、为了国家,汇聚于此。他们在这里学习、成长,最终成为推动中国历史进程的重要力量。

那些曾经为上海大学付出过的心血与汗水的人,我们永远不会忘记。孙中山、陈独秀、李大钊……这些名字如雷贯耳,他们为上海大学的建立和发展付出了巨大的努力。还有于右任、瞿秋白、邓中夏、邵力子、陈望道等革命先驱,他们为上海大学的壮大作出了不可磨灭的贡献。特别是瞿秋白等"红色教授",他们坚定地传播马克思列宁主义,让上海大学成为革命青年的向往之地,被誉为"东南革命最高学府"。这是对上海大学的最高赞誉,也是对所有为之付出的人的最好回报。

1994年5月,新的上海大学合并组建,继承并发扬了老上大的光荣传统。老校长钱伟长教授,这位杰出的科学家、教育家、社会活动家以及中国科学院资深院士,为上海大学注入了新的活力。他的教育思想和治校方略开创了学校思想解放和学术繁荣的新局面,推进了学校各项事业的新发展。

如今,站在新的历史起点上,我们怀揣着对前辈的敬仰与感激,肩负着建设中国特色社会主义的使命。我们将继续努力,为上海大学、为中国的未来作出更大的贡献!

青春荣光

2023年12月1日至3日,伟长楼内,一场震撼心灵的音乐剧——《百年上大·红色学府》正在上演。这不仅仅是一场音乐剧,更是一次历史的回响,一次心灵的洗礼。

上大的学子们,他们以艺术为翅膀,穿越时空的隧道,将那些尘封已久的故事重新呈现在我们眼前。舞台上的灯光明暗交织,仿佛时间的河流,带我们回到那个风华正茂的上海大学。

我们看到了那些年轻的面孔,他们满怀激情,为了理想和信仰而奋斗。他们奔走、呼告、舞蹈、歌唱,每一个动作、每一个音符都充满了力量。他们的故事,是上海大学的骄傲,也是我们这个时代的灵魂之源。

回望百年,上海大学的学子们,在抗战的烽火中不曾退缩。他们用青春和热血,书写了家国情怀的壮丽篇章。如今,在和平的年代里,上大学子们依然秉持着那份坚韧与执着,他们努力学习,锐意进取,为了祖国的未来而不懈奋斗。

他们深知,自己的每一个努力,都与祖国的命运紧密相连。他们用自己的才华和智慧,为祖国的建设添砖加瓦,为民族的复兴贡献着自己的力量。

历史与现实交织,家国之爱穿越时空。我们仿佛听到了前辈们的呼唤,感受到了那份坚定的信仰和无尽的希望。上大学子们用他们的才华和激情,为我们呈现了一个充满力量和希望的未来。

无论时代如何变迁,家国情怀始终如一。那份对祖国的热爱和对人民的深情,将永远激励着我们不断前行,创造更加美好的未来。

外联人,代言人,新闻人

新闻传播学院　徐珍怡

2020 年,一名高二学生参加了上海大学优秀高中生夏令营,与上大初次云端相见。

2021 年,一名高三学生坐在高中礼堂的第一排,聆听学姐们的上大故事,对即将到来的高考和大学四年感到紧张又迷茫。

2022 年,一名大一学生成为上海大学招生宣传大使,以一名"上大人"的身份再次回到高中校园,把上大说给更多人听。

徐珍怡

2023 年,一名大二学生选择了梦寐以求的新闻学专业,冲破社会的质疑与嘲讽,她想要讲好中国故事,传播好声音。

2024 年,一名大三学生仍在路上……

从认识上海大学的第一天起,18 岁的我以上大路 99 号为原点,将"外联人""代言人""新闻人"作为责任与担当,踏上了一场奇妙的旅程。

外引陶朱,联英荟萃:我是上大"外联人"

"我的大学四年有很多可能性,为何不跳出舒适圈挑战自己呢?"大一入学社区学院时,我曾这样对辅导员说。

在全封闭高中待了三年,我试图在大学里摆脱曾经依附在我身上的各种标签——"卷王""劳模""肝帝"——我想要看看更广阔的世界。

经历层层面试,最终成为上海大学学生会外联部成员的那一刻,我感觉自己携着一份责任、一份激情、一份未知,怀着一颗全心全意为同学服务的赤子之心,踏上了成为上大"外联人"的征程,引领着我迈向未知的舞台。

曾经有同学问我:"你几乎每天都在延长宝山两个校区往返,不累吗?"大学的前两年被疫情所笼罩,严格的校园进出管理政策,即使是两校区间的往返,都是在与时间赛跑。无法预测的疫情使得所有校园活动都面临着巨大的压力和困难。但是,逆境中的学生骨干更加紧密团结,成为一支不可忽视的力量。无论是全新首创的校园新生素拓,还是针对上大"延长、宝山、嘉定,一校三翼"特点而策划的三校区出访接待,或是在校园战"疫"之时,紧急为同学们组织的线上心理讲座……即便如此,仍有许许多多上万字、上百页的活动策划案静静地躺在电脑一角,等待着活动重启、冬去春来的那一天。

静待花开,寒冬已去后的2023年春天,校园逐渐复苏。

我作为上大"外联人"中的一员,应邀参加华师大主办的校园赏花郊游活动。结束之后,我并未直接离开,而是选择留在校园里,主动与来自华东政法大学的学生代表联络。我传达了疫情过后,希望能够重启沪上高校学生会互访,加强校际交流学习的期许,华政的同学们纷纷表示赞同。你一嘴我一舌,听到我们的交流,各高校的同学也逐渐向我们聚拢,加入了我们的这场"非正式"闲谈。"希望在未来有更多线下见面的机会"是我在华师大学生会推文下方评论的一句话,这个共同的期望成了我们沪上高校外联骨干前行的力量,也是对未来学生工作的美好憧憬。

一个月后,上海大学学生会外联部率先组织策划了三场校际出访活动。会上,上大的学生骨干们分享了上海大学优秀的学生工作经验:无论是活跃于校园中的一点灵息学生权益"小天使",还是为同学谋福利、做实事的冬日观影活动,抑或上海大学首创的学生骨干培养新模式"玉蓝计划"……在一场场高校间深刻的对话中,我感受到创新思想的碰撞,感受到为同学服务的热忱。

而我,也在出访华东政法大学的现场,与一个月前激烈探讨的华政代表再次相遇——我们把一个个对于学生工作的美好愿想,都最终化为了实际行动。

我是上大"外联人",这个身份不仅是一种荣耀,更是一份责任。我不仅为上海大学学生群体代言,更是为了搭建校际桥梁、推动高校之间的合作而不懈努力。在这个使命中,我感受到了成长的痕迹,看到了自己在大学这个舞台逐渐绽放光彩,我也逐渐从一名"社恐"蜕变成一名自信大方的上大"外联人"。

上海大学为我提供了足够广阔的平台去成长、去探寻和挖掘自己的潜力,在这里我将拥有一个充实精彩的大学四年。

宣为心声,传扬有我:我是上大"代言人"

"左边拍摄于 2021 年 6 月,我和我的室友们在高中校门拍下最后一张照片。右边拍摄于 3 个月之后,我们共同进入上海大学就读,我们在钱伟长图书馆拍了第一张照片。"这是我在上海大学招生宣传大使答辩会上的开场。

高三寒假,我坐在礼堂第一排的正中间。

上大学姐的动情讲述点燃了我对上海大学的渴望,她为我这样一名迷茫的高三学生勾勒出一幅让人心驰神往的大学画卷。一年前的憧憬在我入读上海大学后,成了我踏上"我为上大代言"的源动力,我愿和无数人一样,成为那个充满热情的上大"代言人"。

当我在上大尽情享受自己的大学生活时,时不时有高中的学弟学妹来向我咨询有关上大的问题:"学姐,高考要多少分才能来上大呀?""三学期制是什么?""学姐你读的人文大类是什么?"……恰好招宣协正在举办 2022 年寒假回母校宣讲活动,我想:何不借此机会向更多的高中同学和家长们去介绍上大、宣传上大,去为他们解答关于上大的问题呢?

就这样,我作为上海市向明中学(浦江校区)2021 级校友联络人,和我的高中室友组成上大团队,牵头汇聚了来自上海六所高校的老同学们,组织了一场近 500 名观众的盛大招生宣讲活动。我为学弟学妹们提供了充实而有趣的指南,赢得了家长和学生的一致好评。更让我感到欣慰的是,有数十名校友也因达到分数线和对上大的认可而选择来到上大,成为我们中的一员——这是我作为上大"代言人"最为骄傲的时刻。

我并没有止步于此。寒假之后,我通过答辩,成为一名上海大学招生宣传大使,我有了更大的平台。这是一次更深层次的"代言",我以更加生动的叙事,更加亲身的体验,向更多人展现上大的独特魅力,将上大精神传递给更广泛的群体,为上大的声音添上更多动人的音符。

在这个充满激情和责任的使命中,我深感曾经学姐的讲述给予我启迪,高中同学的团结给予我勇气,学校的支持给予我底气。我用心灵的触动,情感的共鸣,将这份对于上大的归属感传递出去,让更多的人理解、认同、热爱这座我自豪地称之为"家"的红色学府。

新思荟萃,闻声激荡:我是上大"新闻人"

"第一志愿录取!向新闻人前进!"这是当查询到被上大录取的消息时,我发的一条朋友圈。

怀揣新闻人的梦想,短短两年多,我从高三毕业生蜕变为人文大类的大一新生,再到最终荣幸以高排名踏入上海大学新闻学专业的殿堂。在上大的这段时光,记录着我对新闻事业的追求,勾勒着我青涩的成长轨迹。

大二夏季学期,我与学院一同前往安徽歙县,与非遗汪满田鱼灯的传承人深入交流。采风实践的过程既是对传统文化的尊崇、对我们新闻学子责任的呼唤,也是一场将理论化作实践、真实而严峻的考验。

我们在大山深处只待了短短一周,但在压力与现实中,我更深刻地理解了新闻工作的不易,锻炼了我的专业素养。选题困难、采访经验匮乏、胆怯,加之气温炎热、水土不服、路况不熟,以及被采访对象拒绝……各种或想得到或想不到的问题全部摆在我们面前,好在最终都被我们一一击破,我们以满意的作品为采风之旅画上句号。在专业学习和实践的过程中,我意识到新闻人不仅需要有敏锐的观察力,更需要具备良好的表达和组织能力,为社会提供有深度、有温度的声音。新闻不仅仅是传递信息,更是连接思想、激发创意的桥梁。

那个盛夏,伴随着对于新闻学的质疑声、伴随着"文科都是服务业"的舆论,我选择坚持初心,用镜头和文字记录下古老文化的传承,将鱼灯的光芒传递到更远的方向。

我怀揣着对新闻的深深热爱,自豪地说:"我是上大新闻人,我想用新闻的力量书写属于我们的未来。"在这个信息爆炸的时代,我愿成为新闻事业的推动者,秉持着"讲好中国故事,传播好中国声音"的初心,用文字和影像传递真实、传递温暖、传递正能量。

从上大路 99 号到延长路 149 号,从社区学院到新闻传播学院,从 18 岁到 21 岁……我与上大同行,星辰指引方向,云与光铺展成大地的模样。一路上,"外联人""代言人""新闻人"的三重身份交织出我在上大校园的丰富画卷,上大教会我勇担使命、自强不息、追求卓越。在这个知识与实践交融的旅途中,我锚定属于自己的青春坐标,在民族复兴的赛道上奋力奔跑,让我在最美好的年纪遇见更好的自己,让我有信心有能量展翅翱翔,勇敢追梦!

这段岁月,也将成为我人生中最宝贵的财富。

1922

管理学院　姚思安

只是等了些时候,并不算久。我曾经以为这是个梦。

我记得清楚,那天是 10 月 23 日。我记得,那天天亮得很早,还没有云,是个晴天。大概今天要出远门。

从来没有遇到,或是我忘了,那位衣袂飘飘的学者。有人说一百年前他来过这里。我已经找过他很久,但都寻不见。

姚思安

有人说他在 1922 年,那也许太遗憾了。一百年前的上海,只能在影集里看到。而一百年前的他,或许被人淡忘。但是我等的,是世上唯一契合灵魂。

在悠长的轨道上,不知道能走到哪。远处有轰鸣,碎石子振动起来。这条路上有人吗?我抬头往前看,看不到边。会有人吗?我不知道。只记得,看见红灯、绿灯、红灯,而我们生分、相遇,又生分。

我若寂寥地出生在 1922 年,能同你一起跨越一个世纪。对岸春风十里,你壮阔胸膛,不敌天气;就算有别离,我会抬着火炬,漫游赤地。

我若寂寥地出生在 1922 年,一定邂逅你,守护你,一起老去。有人说这是偶遇,我希望是偶遇,是陌路,也是归期。互不相识,仍可同生共死。

那天出了门,走了很久很久。阳光全然落在水面上,直晃我的眼。脚步越走越轻,几近快感觉不到自己的方向。好不容易睁开眼,只看到一株白玉兰,开在黄浦江边。

快歇着吧,快歇着吧。嫌太阳太大,就躺在白玉兰的花荫底下。被炙烤了好久的土壤是有温度的,不同于天气的暖意。确实是有些累了,赶了好久的路,只觉得这一刻是明媚的。

不知过了多久,沿着江边过来一个人,问我路怎么走。我自然不知道,因为我几乎是闯入这里的。我抬头看他,刚好花间透过的光落在我的脸上。那一瞬只觉周围失去了颜色,脚下有阵热气涌上心头,吹来的白玉兰花瓣穿过视野落在脚边。

"我好像在哪里见过你。"

是一种怅然若失,又好像久别重逢,只觉是很熟悉的感觉。或许你生于百年之前,我们无法相遇,但是能感受到彼此的存在。所以我会固执地认为,与我绝配的灵魂,活在并不属于我的年代。我看不到他的未来,他也看不到我的过去。但我们互相等着,爱着,错过着。又或许你从未出现,或许已经逝去。我相信有缘无分,只要不是失去,莫非今生原定要陪我来,却去了错误年代。或许真的有某一种悲哀,在游荡里突然就老去,连离场慢些也不许。彼此交错的轨迹,也从来不是理所当然,却是命中注定。

你说你刚到这里,大约带着什么使命。我说我也刚来这里,但旅程没有预期。在白玉兰底下,我们聊了很久,直到山云当幕,夜月为钩。借着月光朗照,你说你想去远方看看。

远方?哪里是远方?你说你的远方,会很漫长,有很多困难、很多鲜血和很多悲壮。我问你的使命是什么,你说是"自强不息,道济天下"。

盼望着,南湖里的船摇到了黄浦江上,我站在岸边,红围巾飘跃于冷风。我自然欢喜,或许我们可以乘着船,去很远的地方。那里万山红遍、层林尽染,有苍山如海、残阳如血,有天高云淡、长城万里。你说要走了,问我要去哪里,我说跟着你。

走了很久,你遇到了很多人,你说他们是学者,是大才,是英雄。你跟我说起,他们在走一条很难的路,无问归期,无问西东。你说你要跟着他们一起走,要去看看那条路的前方。这条路有多长,你说会把秋天错过。你跟我约定,如果再也见不到你,就当你已经逝去,要我带着你的使命继续走下去。

"非去不可吗?"

"非去不可!"

于是你走了。我站在原地目送你的背影。

战火纷飞,渐渐没有了你的回信。在逆流的人群里,我一直寻找你。已经过去了很久,毫无你的消息,我问了很多人,都说不认识你,我甚至怀疑,我们的遇见也是不存在的。这种悲哀感觉,好像一切都是自我虚构的,握紧就变成黑暗的月光,就是你若隐若现的背影。但是我仍然很庆幸,似乎你真的来过。后来我才知道,携同着你离开的,还有六十年的岁月。

我想起我们的约定,想起你许下的诺言。我会为你走下去。但我不知道该怎么走,也不知道能沿着你曾经的足迹走多久。但是我相信,只要我在一天,我就会义无反顾地去践行你的使命。

我也要走了。一去便是无问归期,我怕你会回来,我怕你以为我不再等你了。其实我相信我们心意相通,如果我不再等你,那我就是走你的路去了,请你相信我会走得很好。那株白玉兰,你曾说过如果可以,你一定会回来看看的。或许我们再一次相遇,也会是在这里。

终于回到了家里。今天天气很好,走了很长的路,看到了黄浦江,看到了江边有株很高的白玉兰。我记得我在白玉兰下睡着了一会儿,却好像做了一个很长很长的梦。

在梦里我寂寥地出生在1922年,你说你会来,我说我会等,我们相约在喧嚣,失散在战地。

在梦里我寂寥地出生在1922年,我们说了很多话,看了很多的风景。我们没有老去,我们一直走在路上。我们别离又相遇,我们约定同生共死。

很奇妙的感觉,好像真的来到了不属于我的世界。思绪一直飘渺,直到邮递员敲门说有我的信。很奇妙的感觉,因为我早已不写信了,我怕没有回信,怕回信失散在漫天的烽火中。

我很小心地打开信封,纸已经很旧了,有些字迹已经模糊不清,但最后几行却格外清晰,挺拔得像梦里那株白玉兰。他告诉我他的使命是"自强不息,道济天下",他告诉我要帮他完成他的使命,他告诉我要沿着他的路走下去。最后的落款写着"1922"。

第三章 师友情深

上大的神仙老师

材料科学与工程学院　王晨宇

在上海大学学习一年了,我遇到了很多神仙老师。都知道我们上海大学有着非常自由的选课制度,我们可以自主选择感兴趣的课程与老师。那么,我就给大家安利一波我眼中的上大神仙老师。

王晨宇

微积分

大部分同学到大学都要学习微积分。我学微积分时,前后遇到了厚晓凤老师、姚维利老师。

厚老师人超好,超有趣,亲和力超强,与她相处非常舒服。和她待在一起,我们会被她逗得合不拢嘴,所以我们的每堂微积分课都是很开心的。课堂氛围轻松,课堂上笑声不断,知识点和解题思路,笑着笑着就都听进去了。而且晓凤姐上课会有满满的漂亮手写板书,给我们满满的安全感,就算是给我们上网课,她也会亲手写板书演算。

姚维利老师简直就是我心目中的女神!第一眼我就被她所散发的女性魅力所吸引。她对知识点的讲解深入浅出,而且声音非常好听。我们学习微积分最难的那一单元时都不用预习,上课认真听就都听懂了,但姚老师还是再三叮嘱我们下课一定要复习知识点,要做练习题。姚老师在讲解题目时都能抓住其中的基本知识点,注重思维上的引领,我们跟上姚老师的思维后就会解同类题目了,很是神奇。她课下会非常耐心地解答我们的问题,也经常关心我们的生活。记得 2022 年年底,我们都回家上网课了,她经常在微信群里督促我们学习,关心我们的生活,还积极为我们答疑解惑。即使后续的微积分越来越难,而且我们还上了半个学期的网课,但冬季学期期末考试我们班的微积分成绩还是不错的,通过率非常高!

在高等数学的学习上,我还要推荐王玉超老师。虽然我没有选到他的课,但是他的网课我听了不少。一般有知识没学会,看书也看不懂的时候,我就会打开"哔哩哔哩"听他的网课。记住他的 B 站账号是"上大王俊凯"。他的微积分和线性代数的网课都讲得特别好!

C 语言

我们理工大类的学生要学习计算机,我的计算机老师是邹启明老师。我们用的课本就是他自己编写的,书上的习题案例都是他精心设计的。在遇到他之前,我非常抵触计算机,所以选专业时刻意避开计算机,也对 C 语言充满着恐惧。邹老师知道我们学习计算机时的顾虑和薄弱点,他开学前就告诉了我们要把哪些高中时期的数学知识点巩固起来。我们直接听课学习 C 语言有点难度,所以他录制了好多网课供我们预习复习使用。他上课讲理论知识点的时候都会立马敲代码,让我们在案例里理解知识点,也会在课上留时间让我们上手实操。因为 C 语言对我们理工大类的学生非常非常重要,所以平时他对我们的要求很是严格。虽然是公共基础课,但他经常为我们讲解一些计算机专业的例题,不仅激发了我们的兴趣,而且能大大提高我们的编程能力。在学习过程中,我也遇到了相当多的困难,他每次会在课后专门通过开腾讯会议为我们答疑。在他的点拨和讲解下,学到数组的时候我就突然开窍了,之后的学习就是满满的成就感,我对计算机语言的兴趣就变得非常浓厚了。

大学物理

就大学物理而言,我要狠狠安利张丽杰老师!张丽杰老师就是女神级老师!她与我们没有任何代沟,完全和我们打成一片,我们亲切地叫她小米姐姐。她上课幽默风趣,对知识点的讲解非常透彻,注重从多方面多角度理解公式。她还经常通过仔细讲解经典例题来帮助我们理解知识点。上她的课,你几乎不可能听不懂。她经常关心我们生活,给我们注入心灵鸡汤。记得期末前,我因为专业分流和提前考的科目没考好而非常焦虑,但听了她在最后一堂课的寄语后,我居然被狠狠地治愈了!

通识课和新生研讨课

在一些通识课、新生研讨课上,我也遇到了很多神仙老师,比如材料学院的李飞老师,经济学院的巫景飞老师、史青老师、陆瑜芳老师。李飞老师深耕航天事业二十余载,他在"中国航天科技创新"这门课上以业内人士的角度介绍航天事业。能够进入航天事业是我一直追随的梦想,我也借此非常客观地了解了我国航天事业的发展与创新。李飞老师还结合自身丰富的经历,给我们讲解创新创业对大学生的意义,给我们指出了一条清晰的职业规划路线。巫景飞老师在"商业面面观"的课堂上,结合他在商业实践中的经历,给我们没有经济学基础的学生讲解商业案例,开发我们对商业的兴趣,并让我们宏观了解了我国商业的发展和取得的巨大成就。史青老师在"经济生活中的悖论"这门课上用经济学知识解释了我们日常生活中的经济悖论。为了让我们这些没有经济学基础的同学听懂,她先后三次对课程做了重大调整。陆瑜芳老师是一位资深的心理咨询师,她开设了"爱情心理密码"核心通识课,这门课程能够帮助同学们处理大学时期的亲密关系,解决生活中的心理问题,正确对待自己和对方的原生家庭。在课上,她不仅会讲授心理学知识,还会带着我们一起分析案例,并且让我们自己参与心理实验和测试,非常有趣。

思想政治选择性必修课

大家听到思想政治选修课的时候,可能会认为它们都是很刻板很枯燥的。但是,我要给大家推荐一门上大独具特色的思想政治选修课——"能动天下"。

"能动天下"这门课告别刻板,以"双碳"目标为背景,通过新颖的授课方式,介绍能源与人类文明的关系、世界能源政策、现代社会中化石能源和可再生能源等各类能源的发展历史、应用现状以及对人类社会发展的影响。在此过程中,深入挖掘专业知识里的思政元素,让党的二十大精神"冒着热气""更接地气"走进我们学生心中。

"能动天下"由上海大学环化学院常务副院长王勇教授领衔的授课团队打造,团队授课老师有王勇教授、陈双强教授以及吴洋、孙炜伟等五位副教授。他们依据自己的专业方向,给我们讲授不同的课堂内容。有那么多位风格迥异的老师,我们自然也对每堂课都充满着期待,上课就像开盲盒,对每堂课都充满着新鲜感,自然就不会排斥思想政治课程。

我非常感恩在上海大学遇到了这么多优秀的老师,我也因此获得了成长与进步。上海大学还有很多很多优秀的老师、很多很多有趣的课程等着大家来揭秘哦!

同窗共梦,少年同行

社区学院　张梓涵

从初春的嫩绿到盛夏的浓翠,穿越了季节的轮回,感受了清凉的微风与严寒的冰霜。在这段时光里,无数美好如诗如画,不期而至。与上大的邂逅,便是我人生中的一份小确幸。这所充满学术氛围和青春活力的学府,为我打开了一扇通往知识殿堂的大门。在这里,我遇见了博学多才的师长,结识了志同道合的朋友,更在无数次的探索和尝试中,找到了真正热爱的方向。

张梓涵

今天,我想把这些小确幸分享给你听。想告诉你,在追求梦想的道路上,我们并不孤单。因为总有那么一些美好的瞬间,会让我们心生欢喜,感受到生活的无限可能。希望你在未来的日子里,也能像我一样,珍惜每一个不期而至的美好瞬间,用心感受生活中的每一份小确幸。

小确幸之温暖的引路人——学姐的校园导航

大学的校门,像是一道通往新世界的神秘之门。初来乍到,我带着既激动又紧张的心情,踏入了这片未知的土地。幸而,导生学姐成为我的引路人,她的帮助让我在这座校园里找到了方向。

记得那天,阳光透过树梢洒下斑驳的光影,学姐骑着自行车从我身后而来,她的笑容像春风般温暖,吹散了我心中的不安。她热情地为我介绍着大学的每一个角落,让我对这个新环境有了初步的了解。她的话语中充满了对大学的热爱和对未来的憧憬,让我感受到了大学生活的无限可能。

随后,选课的日子如期而至。面对五花八门、各式各样的课程,我再次陷入了迷茫。学姐耐心地为我分析了每门课程的特点和难易程度,在她的指导下,我顺利地完成了选课,为我的大学生活奠定了坚实的基础。

日渐熟悉的大学生活中,学姐的帮助也从未间断。她教我如何在图书馆找到心仪的书籍;她在学习上为我提供无限支持;她还在我遇到困难时给予我鼓励和支持,让我感受到了家人般的温暖。

如今,我已经逐渐适应了大学生活,开始享受这段美好的时光。而这一切,都离不开那位热心学姐的帮助。她像一盏明灯,照亮了我前行的道路;她像一缕春风,吹散了我心中的阴霾。

小确幸之寝室的守护者——室友的温暖包容

刚踏入大学的那一刻,一切都是那么陌生,我怀揣着紧张和期待开始了新的生活。然而,入学后我的身体却不听话地发起了高烧。

连续三天,我高烧不退,身体无力,头痛难忍。室友看到我痛苦的样子,没有丝毫犹豫,决定陪我前往医院。初识不久,她却能给予我这样的关心和陪伴,让我倍感温暖。

在去医院的车上,她紧紧握住我的手,陪我辗转于学校的医务室和大场医院。她的眼神坚定而温暖,让我在病痛中感受到了关爱和陪伴。在医院里,她为我挂号、问诊、取药,一直守在我身边。当医生嘱咐需要抽血化验和取药时,她为我排队、缴费、拿化验单和药品,始终不离不弃。她的悉心照料和无微不至的关怀,感动得我热泪盈眶。

回到寝室后,我躺在床上,心中的感激之情久久不能平静。在这个陌生的校园里,有这样一位知心的朋友陪伴在身边,让我觉得无比安心。

时间如白驹过隙,四个月的时间转眼即逝。我已经从那个陌生的女孩成长为校园里的活跃分子。而这一切的背后,都离不开室友的陪伴和关爱。她的善良和温暖,成了我前进的动力和支撑。

如今,每当我回忆起那段日子,心中总是充满了感激和感动。谢谢你,我的室友。是你让我在陌生的校园里感受到了爱。虽然我们相识的时间很短,但你的善良和温暖已经深深打动了我。愿我们的友谊长存,愿你的善良和温暖永远伴随你左右。

小确幸之校园里的暖意——陌生同学的暖心之举

在校园的小径上,自行车的轮子轻轻滚过每一寸土地,留下的不仅是车辙,还有我与这片土地之间的故事。

一包饼干,不经意间从口袋滑落,如同我匆匆流逝的时光中的一个小插曲。然而,就在我未曾察觉之际,身后传来电瓶车轻快的鸣笛声和女孩清脆的呼叫。

"同学,同学!"声音从身后传来,"你的东西掉了!"

我回过头,看到两张洋溢着青春气息的面孔。她们骑着电瓶车,停在我的身旁,其中一个女孩手里正拿着我掉落的饼干。她微笑着将饼干递给我,眼神中充满了友善与关怀。

我接过饼干,心中涌起一股莫名的感动。这两个女孩,对我来说是陌生的,但她们的善意与温暖却让我感到如此的熟悉与亲切。

"谢谢你们!"我真诚地说道。

"不用谢,以后要注意哦!"她们笑着回应,然后骑着电瓶车离去,卷起一阵微风。

我目送着她们远去,心中充满了感慨与谢意。这段短暂的邂逅,让我感受到了校园中的温暖与美好。

在这所大学里,我遇到了许多温暖的人和事。有同学在我困惑时给予的帮助,有老师在课堂上的悉心指导,还有那些不经意间的惊喜和感动。这些相遇的小确幸,让我更加坚定了自己的步伐,勇敢地追寻梦想。

如今,当我回望这些日子,那些美好的瞬间仿佛就在昨天。它们如同一颗颗璀璨的星辰,照亮了我前行的道路。而未来的日子里,我期待着更多不期而至的美好。

在这所大学里,我们这一群同学少年正怀揣着梦想与希望,共同成长、进步。我们不仅在学术上追求卓越,更在品格上不断完善。我们彼此鼓励、支持,共同面对挑战与困难。

愿每一个在上大相遇的人,都能珍惜这些美好的瞬间,共同创造更多难忘的回忆。让我们一起走过四季的风雨,感受上大带给我们的温暖与力量。

同学少年,共赴青春之约,共创美好未来!

求学上大三载间,难忘师恩一百年

文学院 陈晓洋

昔日之上海大学,自创立之初,即以红色血脉为底蕴,秉承上大精神,孕育无数英才。校史悠悠,犹似长河奔流,其波澜壮阔,激荡人心。观今日之发展,可谓硕果累累,蓬勃向上。师生之情,如春风拂面,感人至深。

红色校史,底蕴深厚。自20世纪之初,上大之初立,便立志为民族振兴、国家富强而奋斗。众多志士仁人,汇聚于此,共谋发展。犹记当年,革命烽火燃及校园,师生齐心,共赴国难。其间英烈,名垂青史,永载史册。红色基因,代代相传,成为上大之不朽传统。上大精神,熠熠生辉。此精神乃上大之灵魂,引领师生共进。学风严谨,创新进取,以人为本,开放包容,此乃上大精神之核心。自立自强、追求卓越之志,融入每个学子血脉之中。艰苦奋斗、开拓创新之举,彰显每位教师之品格。此精神激励全校师生奋发向前,谱写时代华章。

学校发展,日新月异。历经百余年风雨,上大已发展成为国内外知名学府。学科门类齐全,师资力量雄厚,科研成果丰硕。校园环境优美,设施完备,为学生提供良好的学习条件。国际交流广泛,为师生拓宽视野、增长见识提供

陈晓洋

平台。今日之上大,已巍然屹立于世界高校之林。

师生情谊,感天动地。在百年上大历史长河中,无数师生成就了深厚情谊。恩师悉心教诲,弟子孜孜以求;同窗共沐风雨,同舟共济。师者传道授业解惑,倾囊相授;学子刻苦钻研,奋发向上。师生共同成长、共同进步之佳话,传颂千里。此情此谊,犹如甘霖滋润心田,成为人生最宝贵财富。颂上海大学教师学者之精神。

如今,我在上海大学求学已有三年,得遇诸位师长,皆饱学之士,令人敬仰。其学识渊博,品行高洁,堪称师表。我虽不才,幸得诸师悉心教诲,得以成长。诸师授课,皆严谨认真,循循善诱。不拘一格,因材施教,令学子受益匪浅。或言传身教,或启发诱导,皆致力于培养学子之独立思考与创新能力。诸师之教诲,如春风拂面,似雨露滋润,令吾辈心生敬仰。于学问之道,诸师皆孜孜不倦,勇于探索。或埋首典籍,或实地考察,皆以求真务实为宗旨。诸师之研究成果丰硕,为学术界所瞩目。其学者精神,令吾辈学子倍感自豪。诸师待人以诚,胸怀宽广。与诸师交往,如沐春风,倍感亲切。或有疑虑,诸师必耐心解答;若有困难,诸师皆倾力相助。其高风亮节,令吾辈深受感动。

辅导员之殷切关怀

我在上海大学文学院,得遇良师,皆有云水之襟怀,松柏之志气。初入上大,颇感陌生,对于未来的方向和大学生活都充满了迷茫。这时,赵影老师作为辅导员,为我提供了许多宝贵的建议。赵影老师学识渊博,温文尔雅,她不仅关心我的学业,更关心我作为一个初入大学新生的心理健康。有一次,我在生活上遇到了困惑,赵影老师主动找到我,以一个过来人的身份分享了她的大学生活经验,耐心解答,言辞恳切。自此,我对学院之事务了然于胸,倍感从容,赵老师的教导,使我受益匪浅。

大二之时,遇到了辅导员孙越老师,当疫情肆虐之际,孙老师挺身而出,为学子们守护一片宁静。每有通知,必第一时间告知;每有困难,必亲力亲为以解。我曾感身体不适,孙老师闻之,急切询问,忧心忡忡。其情其景,令我感慨不已。老师还找我谈人生,谈理想,谈未来发展,为迷茫的学生指明了未来的方向。

导师之学术引导

在上海大学,我有幸师从杨长云老师,研习美国史。杨师学识渊博,造诣深厚,为学界所推崇。每周皆有读书会、讲座,以启迪心智,增长见闻。余于此获益良多,感慨万千。

每周之读书会,皆为学术交流之佳期。学子们各抒己见,共同探讨。杨师耐心指导,点拨迷津,老师点评深入浅出,引人入胜。其讲述之美国史,不仅述往事,更论其影响与意义。听者如醉如痴,受益匪浅。杨师之学养深厚,令人叹为观止。我也常常会跟着老师听讲座,学院讲座邀请学界名流,分享研究成果与心得,有幸于此广结良师益友,学术视野大开。

成为杨长云老师之学生,始于上海大学文学院之史学编辑工作。学院每有推文,皆需经老师审核。当时我初涉编辑,颇感困惑,幸得杨师耐心指导,始得入门。杨师严谨治学,对学生要求极高。每篇文章,必反复斟酌,细心修改。有不明之处,杨师必耐心解答,不厌其烦。其深厚学养与高尚师德,令余敬佩不已。老师的悉心指导,使我在史学编辑工作中获益匪浅。不仅提高了学术水平,更培养了独立思考与严谨治学之精神,学院推文工作亦因杨师之严谨审核而质量大增。

杨师与师娘对学生关爱有加,视如己出。学术上,严格要求,精益求精;生活上,关怀备至,体贴入微。每有困惑,杨师必耐心解答;若有困难,师娘则热情相助。此等恩情,令学生倍感温暖。最难忘者,杨师常邀请学子至家中做客,亲自下厨款待。谈笑风生间,不仅品味美食,更收获知识与关爱。此情此景,永生难忘。在上海大学杨长云老师门下求学,获益匪浅。恩师之高风亮节,关爱备至,令余感激涕零。愿杨师学术之树常青,桃李满天下!感激杨师之悉心教诲,亦感慨师门之温暖。有幸成为杨长云老师之学生,实乃人生一大幸事。愿以杨师为榜样,不断努力进取,为学术界贡献绵薄之力。

胡老师之美学熏陶

我在上海大学历史学系读书之际,也修习了很多其他学院开设的课程,幸遇美术学院胡建君老师,胡师温润纯和,兼有天真琉璃心,文采斐然,令人心折。偶有机缘,入其课堂,听其讲座,受益匪浅。

胡师授课,娓娓道来,如春风拂面,令人陶醉。其所讲之文人画,不仅言其形,更论其神。胡师之文人风采,尽显于课堂之上。有幸受其熏陶,心生敬仰。去参加胡老师的新书《既见君子》签售会并聆听讲座之时,胡师引经据典,论述精辟,观者如潮,座无虚席。余蒙胡师悉心指导,受益良多。每有所疑,胡师必耐心解答,诲人不倦。余学艺未精,然在胡师之教诲下,渐渐领悟文人之精神内涵。胡老师有个人公众号"有兔爰爰",也是日常汲取精神营养的一片乐土。在此摘录一段在看完胡师所写《得丘园主人》后的感想:

> 胡老师的文字,是适合在安静的夜晚,在一个舒服的热水澡之后慢慢品味的。略微安静的夜里有外面窸窸窣窣的声音,只是读着文字,内心却是激荡和安宁的平衡。
>
> 艺术是优雅而疯狂的。得丘园透着一股陶然的冷峻,似乎和文章开头那张得丘主人半掩云烟的面庞隐隐透着一脉相承的气质。或许这就是天赋,挥洒淡然的诗意成了日常的呼吸,无须刻意便能自由吐纳。常住水乡园林旁,看惯了一步一景,惊觉得丘园隐隐有些陌生的熟悉——这是现代的一步一景,四处忽古忽近的景致矛盾而融合。呆头鹅的眼睛仿佛盯了你很久了,眼是漆黑的,看不清情绪,却就像是在很久远以前就有的记忆。这位得丘园主人确实传奇,"一眼看不透",也许很多眼都看不透,却是纯粹的。人物,这就是人物。
>
> 以往读胡老师文章总觉得其中隐着魏晋风度唐宋雅韵,现下感触不变。不久前又修了一门专讲中国侠文化的课,写及此忽然想到,也许这样一群风雅的文人便是现代的侠气,不羁随性却清嘉的艺术。

胡建君老师之风采,不仅在于其学识渊博,更在于其人格魅力。其为人谦和,待人以诚。与胡师交往,如沐春风,倍感亲切。于美术学院,听胡建君老师之古代文学课,深感其授课之精妙。胡师之书法、白描二艺,皆造诣深厚,引人入胜。胡师授课,文采飞扬,字迹如行云流水,笔力雄健。于书法一道,笔法严谨,气韵生动。白描之技,则线条流畅,形象逼真。胡师以此二艺为引子,深入浅出地讲解古代文学之精髓。听者无不为之倾倒,陶醉于诗词格律之美。

　　胡师之诗词格律讲授,使人心悦诚服。韵律之美,平仄之妙,皆为胡师所阐述之重点。其言辞犀利,见解独到,令人茅塞顿开。学子听讲,如饮甘露,领略古代文学之无穷魅力。

　　至于文物鉴赏,胡师藏品丰富,皆为其亲手收藏之古物。学子有幸,每节课皆可亲手触碰,感受古物之温度,实乃珍贵之经历。胡师授课,将文物与文学相结合,深入剖析古人之智慧与匠心。此等经历,实乃珍贵难得,令人难以忘怀。

　　又幸受胡建君老师之邀,赴其雅居懒懒宅。宅第清幽,古意盎然,尽显文人风骨。胡师热情款待,师生共聚一堂,欢声笑语,其乐融融。宅中布置典雅,书画器物琳琅满目。壁上悬挂胡师之书画作品,灵动古朴,案头摆放古玩玉器,皆为胡师多年珍藏,每件皆有来历,令学生心生敬意,叹为观止。

　　在懒懒宅与胡师品茗论道,亦有机缘与诸位艺术家对话。胡师引荐诸位艺术家,各有所长,皆为翘楚。听诸君谈笑风生,妙语连珠,如饮甘露,豁然开朗。或言及艺术之妙谛,或论及创作之甘苦,皆为肺腑之言,受此熏陶,茅塞顿开。

　　更有幸观摩诸君之书画创作。画者笔下生辉,墨色淋漓;书者挥毫泼墨,龙飞凤舞,紫砂艺术家以壶为纸,以刀为笔,器物之精美令我心悦诚服,敬佩不已。此等技艺,非日积月累之功,岂能臻此境地?

　　胡师宅中亦藏有诸多珍稀典籍。翻阅其间,领略古代文化之博大精深。胡师细心讲解,指点迷津,学生受益匪浅,感激涕零。日暮时分,胡师请吃羊肉串,师姐请吃小蛋糕,佳肴美味,色香味俱佳。席间欢声笑语,师生同乐。此情此景,令我终生难忘。

后来，在胡建君老师的悉心指导下，我加入了宝山之文化馆"一墙"美术馆策展团队。夏季于宝山寺举行之"染风化笺·海上名家书画展"及滨江步道举行之"映画·宝山摄影展"，皆为我们团队的策划。"染风化笺·海上名家书画展"汇聚了海上之名家的书画作品，呈现了中华传统文化的深厚底蕴。胡老师对每一幅作品皆有独到之见解，指导如何将其完美呈现，在胡老师的指导下，展览取得了巨大成功，观者赞誉不绝。另一展览"映画·宝山摄影展"，以宝山之美为主题，展现了滨江之景色与人文。在策划过程中，胡老师不仅关注展览之内容，更强调呈现之形式。经过精心策划与准备，展览顺利举行，观者无不为之倾倒，赞叹摄影艺术之魅力。

此外，我们团队还负责了宝山体育馆展位设计施工项目"浮生夏梦——毕立伟、曼倩艺术作品展"。胡老师对此项目给予高度关注，对每一处细节皆有严格要求。在胡老师的指导下，项目圆满完成，展览取得了巨大成功。最令人振奋者，是我2023年赴京参加全国大学生创意策划大赛总决赛并荣获优秀奖。此荣誉非我一人之功，实乃胡老师对我们团队精心指导之结果。胡老师不仅传授策展之技巧，更激发学生们创意潜能，此奖项将成为我们继续努力之动力。

感谢胡老师之悉心教诲与关爱，余将铭记于心，不断进取，以报答师恩。感念胡建君老师之深情厚谊，亦感慨艺术之无涯。愿以此次经历为契机，不断努力进取，不负师恩。

小结

回顾在上海大学求学的这三年，我深感荣幸能够成为老师们的学生。老师们的学者风范、治学精神为我的人生之旅点亮了明灯。在此，我衷心感谢诸位老师的悉心教诲与关爱。希望今后能够传承老师们的优良传统，为学术与社会作出贡献。

寻找黑夜

——记一次竞赛的经历

社区学院　陈天放

陈天放

下了虹桥站,已是深夜。我们下车等着与霍老师会合,她是我们参加竞赛的指导老师,正一手夹着被严格叠好的理学院院旗,一手向我们招呼。那院旗出现在每年竞赛的留影里,被一届又一届理学院学生展开,而今年,展开它的便是我们几个。

宁是我们的队长。他一手握着奖杯,一手托着底座。奖杯上印着"全国大学生实验创新大赛"字样。一路以来,我们从华东赛区突围,最后在国赛上取得了这项殊荣。他从嘴角挤出疲惫的笑容。他一紧张就会挠后脑,右手顺着脖子攀上去时,头也同时倒向侧后方去接应手指。但在竞赛作品的答辩时,他必须身着西装站得笔挺,握住左腕背在身后,和我一左一右,像两个保镖。我们护着的就是在台上演讲的衡。她的腿脚受过伤,在台上需要一只手在下面暗暗抵住讲台才能站稳。宁和衡是本家,名字念起来只差一个字,但是性格却相反,宁对陌生人不苟言笑,但面对好友常常插科打诨。衡则对外活泼,但我们做事时她又雷厉风行。她的话语往往带着不容置疑的语气,因此,虽然宁是领队,但在实验室里时间久了,我俩都听从衡的指挥。她有伤,所以在实验室里尽量坐着工作,记录仪表示数,操作设备,无数次地修改答辩PPT。实验有进展了就向她汇报,就会应付两声,但头不偏一下,仍盯着眼前的仪表,当我以为她没在听时,片刻之后她又会妥当地安排接下来的工作。但这次报告的是一次实验失败的消息。此时已是晚上十点半。

她身子垮下来,两手垂在腿间,转向我,又低下头,恳切地说:"再试一次吧。"

这是我和宁在实验室听过的最多的一句话。这意味着我们需要再次开始我们竞赛的实验内容:配制电解液、洗液,对钛片前处理、通电,不同的电压会让钛片氧化出不同的颜色。我们需要在评委面前拿出各种颜色的钛片,但一共尝试了几十次,总是无法复刻黑色。黑色看似是最简单的,但我们的成果,要么是和别的深色混在一起,变成混乱的"调色盘",要么暗沉阴森,失去了金属光泽,看起来满是污渍。但是,再试一次意味着又需要花费半个小时的时间,而且是临近考试周的半个小时,是经历了十几次半小时后失败的又一个半个小时。要继续吗?我们把电压、电解液换了又换,60 V、70 V、磷酸、氢氟酸……我脑子里都是这些。最初几次失败时,还抱有不甘和对下次的期待,而后呢?挫败、失望、因时间流逝而空虚、因还没准备期末而害怕……慢慢地,这种感觉又被疲惫代替,再然后,在疲惫之上的一种麻木又覆盖了疲惫。但此时,在她松垮的背影中,这些负面情绪又吸聚回来,集中在她身上。这些无谓的尝试,仿佛都来源于她的那句——"再试一次吧。"我的喉咙往上走,声音些颤:"一定要这么严格吗?"

她没有说话。我想走向我的书包,收拾东西,这时宁小声地说:"行,我继续。天很晚了,你明天还有早八,先回去吧。"他看向衡。我听出他喉咙里黏着,说明他很久没有开口说话。他清清嗓子,重新说了一遍。但我最后还是留下来了。

后半夜了,我们还没有找到所谓完美的黑色,但已很接近,我们已经筋疲力尽,相约明天再来。实验楼门禁时间已经到了,我们只能吵醒门卫大爷,顶着他的不悦,请他帮我们开门。我们从实验楼的刺眼灯光走进黑夜。

怎么坚持下去呢？心理学上说,人只对状态的变化敏感。就像富翁不会时刻沉浸在富有的喜悦里,只会因财富的增减而喜怒。同样,在不断的尝试里,我们对"从头再来"已经变得习惯和麻木了,所以才能熬过这样的夜晚。但是明天呢？我们又要重新鼓起面对失败的勇气,重新开始,寻找下一个夜晚。

第二天,我还是按时到了实验室。宁已经到了,精瘦的肩挑着过于宽大的实验服,看起来不大自然,我突然想起,第一次来到这个实验室,他套上实验服,脸上是自信的微笑:"跟着我做吧,慢慢来吧。"那天下午,我们用高锰酸钾、氯化锰溶液尝试出了"完美的黑"。但剩下的任务还有很多,我们还要尝试在钛制的其他金属片上也重复制出这些色彩。还要准备竞赛论文和答辩,还有很多个夜晚等着我们……

国赛第二轮答辩的前一个夜晚,我们准备好答辩资料,在住宿旅馆里向窗外望去。按照流程,第二轮答辩紧接着的下午就是颁奖仪式了,每支队伍派一个人领奖。衡领过华东赛区的奖杯了。宁问:"这次我俩谁去领奖？"

我笑着说:"敢不敢赌一把,谁猜对了几等奖谁上去领。"他同意了。我故作严肃说:"那必然是一等奖吧。"空气停顿了一下。我们都大笑起来。清华、北大、浙大,哪轮得到我们呢？恢复平静之后,我问:"那你呢？"他又挠了挠后脑,笑容逐渐消失,脸上的痘疤红了起来,眼睛像是望着很远的前方。不远处是紫金港的夜空,晚上没有星星,我只觉得天很黑。有的夜晚,尚能在天上分辨出灰白色的云,但今天的黑夜却是无瑕的,就像我们为之努力了很久的那片黑色钛片。

良久后,宁低怯地说:"特等奖吧……"又是忽然的安静,然后我们又放声大笑起来。

我很想代表自己的学校领一次奖。但遗憾的是,宁赌对了。

坐在礼堂里,奖是从低往高了颁。二等奖已公布完了,而我们队的名字还没被报到。我还穿着答辩时的白衬衫,焦急地想着待会要不要把西装外套套上,我不自觉正了正领口。宁则已换上休闲 T 恤,他在旁边发现了我的小动作,右手绕过我的背,勾在我的右肩,脸上笑成一团:"搞得这么紧张,要结婚啊?"回过神时,一等奖已经颁完。接下来只有特等奖了。

"啊?!"我叫出了声。我不可思议地看向他,也看到了他不可思议的眼神。我们对视了几秒,又一齐看向颁奖台的大屏幕。上海大学就静静地躺在名单中间。他惶惶地站起身,嘴巴微张,眼睛还看着我,想从我这里得到一些确认。我才注意到,他穿着的是凉鞋。

我赶忙说:"怎么穿凉鞋啊?来,赶紧换我的皮鞋上去吧。"他略有惊讶的脸终于大笑起来,换了鞋,踢踏两脚,向前走去。就这样,领奖的留影中是他微笑着拿着特等奖杯,但我也不算完全没出镜——至少那双鞋是我的。

从虹桥到上大的地铁到站了,我们都拿出最后的力气,拖着行李箱走上台阶。我们迎着晚风走出地铁站的出口,风渐强,我们也更用力地向上走去。头顶的夜晚又是那无瑕的黑色。

我与上大的故事

社区学院　陈羽宁

翻看上海大学红色校史的撰写名册,杨阳老师的姓名赫然在列。我想,多年以后再次回到檀木飘香的溯园,回到上海大学,我仍然会回忆起与杨老师同桌听课的那个下午。

我对自己与历史无缘的笃定是自高中的第一个不合格开始的。曾经的确对这门学科抱有好奇与情怀,然而却发觉无论怎样学都焦头烂额,那一张张名为人物、年份、事迹的图表,似乎永远无法被轻巧地存在于我脑中应该放它们的位置。如今大学,仍然要接触历史,便在心里萌发了偷懒的念

陈羽宁

头。出于机缘巧合,我在大一秋季学期时被分配到了杨阳老师的"中国近代史纲要"这门课上。进教室的是一位颇具书生气的年轻老师,长衫配上黑框眼镜,怀里捧着一摞课本,我心想若是加上醒木与折扇,倒像是民国时期的说书人。听着他娓娓道来,倒渐渐发觉他并未完全遵照课本讲解,而是分享了许多生僻冷门的历史小故事,本身坚信枯燥的"中国近代史纲要"便渐渐生动了起来。更令人动容的是,他在分享时倒不像是富有学究气的专家,而是剔除上帝视角的高傲后将自身融于历史中虚心求教的学生。带着谦和大气的风韵,幽

默而流畅；谈笑一段，便是半生疏狂。我不禁被他起伏的语调、厚重的情感带动，窥见了曾经翻阅历史书籍、用心钻研、仿佛身在局中的自己，便如最开始接触这门学科那样，怀揣着好奇专心听讲起来。

几周后，在另一节专注于党史校史研究的课上，我猛然发现坐在身边的那位同学竟是杨老师。他用心地在破破的小本子上写着笔记，昂起头来静静地聆听思考，仿佛一个下课后便会肩并肩一道去食堂、时不时会对历史著作侃侃而谈的同辈。不禁想起他曾自豪地与我们分享有一段时间痴迷于"三国演义"与"毛选"以致日夜颠倒的经历。他对历史的钻研与情怀也远不止步于学术与功利层面，而是真真切切地融入日常。他曾模仿着古文中人物传记的笔调，为曾经在抗美援朝战争中贡献显赫却又鲜为人知的英烈们撰写个人事迹，即使未得到各大文坛网站的回应，他仍然将这些传记邮给了英烈们健在的家人，还曾几度探望一位老兵，聆听他的故事。听杨老师平静含蓄地叙述着这些经历，我仿佛能够看见尘封的记忆与精神被重新传承，看见英烈们的亲人紧握住他的双手流着泪说："感谢你能记得。"因"背不出""考不好"而几乎被我放弃的历史，因他的一言一行而在心里再次有了颜色。便重新拿起了曾因功利原因被我弃置一旁的书籍，在字里行间仍能回忆起杨老师的课堂讲述，并为古今中外的种种而共鸣："虽世殊事异，所以兴怀，其致一也。"重读历史，不禁有了失而复得的喜悦。

杨老师大半的学生生涯都在上海大学，如今又重新回到学校任教。他感慨着学校发展历程之快，谈到五卅运动时期上大学子们面对山河动荡而投袂荷戈，又谈到今天溯园中的那组浮雕，原来，杨老师早已主动地承担起了梳理上海大学历史的使命，肩负起了找寻这座"红色学府"的历史坐标的责任。同一种精神，联结起跨越时空的两所大学，老上海大学的峥嵘岁月和奋斗精神必将永远激励新上海大学，使它越来越好。

从秋风萧瑟的时节到凛冽的寒冬，我时常会闲逛漫步到溯源池。每每看见铜墙上的先辈刻印已布满了岁月的灰尘，我都会回忆起杨阳老师。我想，上海大学的纯粹、那一抹明亮的红色始终在潜移默化地影响着他，将他培育为深刻谦逊的学者，而他也葆有质朴的初心，用他的学识与情怀不断地反哺人类、教诲上大的学子,将红色血脉代代传承,进而散播到中国各地。

"学科研究的极致,应是仰望宇宙自然万物时的谦卑与敬畏。"杨老师对历史爱得纯粹,即使在学术上已有了很高的造诣却仍然保有着谦逊的求学态度,为讲好中国历史故事而默默耕耘着。他更将我领进了上海大学,坚定了自我的血脉与信念、帮助我重新找回了对于学科的初心与热爱。杨老师在我的生命中留下了浓墨重彩的一笔,他的精神与情怀滋养着上海大学,也定会在母校的土壤上熠熠生辉。

开端

社区学院　高荧

初见

开学报到那会儿,我是最晚一天才到的。那天下午,阳光透过云层显得有些黯淡,正值夏日,空气中弥漫着炎热与干燥。四周嘈杂的喧嚣声不绝于耳,仿佛在述说着这座校园的活力与生机。

"你好,请问……"我怯怯地问。

"嘿,你是刚来的新同学吧。"还没等我说完,眼前的这位学姐便微笑着说道。我点了点头,心里暗自庆幸有了一个热情的引路人。仔细一看,学姐身着一袭红色的志愿者马甲,眼里像有着相应的火光,精神饱满。

高荧

"你专业是哪个,我领你去报到处。"

"谢谢。"我下意识地先道了声谢,"经管大类的。"

"哦,那你一定是要去泮池书院了。"泮池书院这个陌生的名词突然进入我的脑海中,"那是什么?"我忍不住问出心中的疑惑。

"怎么解释呢……"学姐低头又抬起,"其实这个也是一个新学院,就去年建校百年正式成立的。而且,你不仅是泮池书院的,还是社区学院呢!简单来说,就是上大实行书院制加学院制,所以说每个上大学子都是有双重身份。社区学院面对的都是大类招生的大一新生,也就是你。"说到这,学姐示意我把行李给她,于是,我终于腾出一只手。

"谢谢。"

"这个你先拿着。"学姐递给一个小本子,"里面有学校的一些介绍。"

"而书院呢,本科生书院总共有 12 个,经管大类就属于泮池书院。"后来,我知道了这些是伟长书院、秋白书院、宏嘉书院、青云书院、泮池书院、文荟书院、日新书院、闳约书院、自强书院、尚理书院、溯微书院和丝路书院。

"这就到了报到处了。"学姐从桌子上拿起一个信封递给我。我小心拆开,里面原来是我的学生卡。

报道完后,我记得,天就下起了雨,这场突如其来的雨消散了部分炎热,但是我的心情却变得更加激动,我与上大的故事,就此开始了。

了解

"嗨,同学!"一个熟悉的声音从身后传进我的耳朵,是报到那天的学姐。

"来到新学校,感觉怎么样?"学生很多,熙熙攘攘的人群,像是初春的生机;导生很热情,像是夏日的热烈……当我还在寻找脑中形容词来回答时,学姐又问道:"你逛过校园了吗?"我摇了摇头,恍然才意识到这两天都在整理行装,好像还没有好好地逛过这个偌大的校园。学姐笑了笑:"正好我没事,让我来当一下导游,带你走一圈吧。"

"谢谢,那麻烦学姐了。"这种情况下,我好像也只能道谢了。

我跟随学姐来到了湛蓝色的湖畔,湖面波光粼粼,两旁的柳树随风起舞,一幅美丽的画卷就这么展现在我眼前。

"这就是泮池。"哦,这原来就是我的书院名字的由来。

"这里还有鲤鱼呢!"我跟随学姐来到石桥上,往下望去,只见那些红色的鲤鱼仿佛一个个橄榄球,胖嘟嘟的,但并不影响它们在水中悠然自得地游动。

"平时喂鱼的人很多吗?"看着这些满满福相的鱼儿,我不禁发出疑问。

"毕竟上大可是被称为'宝山区第一人民公园',不说周末,平时工作日都有很多人来休闲游玩。"学姐看着湖中嬉戏的鱼儿,"可以说,这些鱼儿、鸽子的身材他们功不可没。"

难怪虽与我只有半条手臂的距离,伫立在桥墩上的鸽子任我靠近都不飞走,一点都不怕人。

穿过下沉广场,学姐又把我领到一个书型建筑前,其左上角的时钟无时无刻地记录着时间的流逝。"现在你眼前的就是本部图书馆了。"学姐开始向我介绍,"学校总共两个图书馆,这里的本部图书馆和东区的钱伟长图书馆。"学姐怕我不理解东区的意思,又解释道:"东区,顾名思义,就是学校东部还有一个校区,这是后来修建的,所以看着比本部这里新一些。"

我的视线随学姐的手看向图书馆的右边的栋栋建筑,"那一大块区域就是教学区了,从前往后按字母顺序排过来……现在和你说,你也可能不是很明白,等你选完课开始上课就知道了。"

学姐像是想起什么,猛地回头看向我,说道:"我是不是还没有和你说食堂。"我点了点头,好像目前我也只是在南区食堂吃过饭。

"学校总共有六个食堂,益新、尔美、山明、水秀、吾馨、留韵……"学姐停顿了一下,"话说,你有没有觉得这些名字很好记?"我摇了摇头,刚刚一串名词快速地掠过我脑海,看起来完全没有想留下来的意思。

学姐笑了一下,说道:"嘿,其实你注意一下第一字,就能发现了。"我恍然大悟,"不刚好是一二三四五六吗?""对的,前面四个都在本部,吾馨在南区,你应该吃过的……"我抢着回答道:"那第六个就是在东区了。"学姐点点头:"是的,一点就通嘛。不过,这个学期你肯定少不了在校园里走动的,等你上了体育课就知道了。"当时的我想着不通和体育课会有什么关系,后来我才知道原来是体育课有定向越野任务。

不知不觉,我已经在上大待了一学期多了。我眼中上大最初的面纱也被时间揭开,让我得以一览上大全貌。这里,我最先感受到的是热情与生机——学长学姐的耐心解答,新生的活力四射。之后,每一寸土地也都在悠久的历史和文化的沉淀下,散发着沁人心脾的魅力,引人心生向往。至于故事,仍在发生……

再次学习,再次成长

继续教育学院　黄欢
文学院　施岳宏

回想自己过去十多年的高校工作生涯,黄欢认为,转入继续教育学院任职可算是最大的一次工作变动了。从教务部门迈进学院学科,从单纯面向本科生的行政工作拓展至结构更多元的师生群体,需要处理的事项、亟待思考的问题,都是他以前从未接触过的。不过,在持续的应变中完善自身,永远走在学习的道路上,不正是继续教育学院名称背后的应有之义吗?万事开头难,而凭借丰富的经验和诚恳的态度,在2024年初调动岗位后的短短数月内,黄欢已经基本适应了自己的新身份。不断地克服新障碍,也让他对"因材施教""立德树人"等概念有了更深入的理解。

来到新的岗位,事事皆新。但黄欢觉得,面对万变的外部情况,总有那么些不变的基础素质,需要一名教务工作者始终恪守。他时常回想自己从前接触过的学生,咀嚼经验,从中反思。在几年前的一个中

黄欢

施岳宏

午,十二点多,已是午餐时间,一位女同学忽然来到他的办公室里询问选课问题。当时,黄欢所在的综合办相当于教务部门的"大总管",虽负责教务部内部纷繁复杂的日常行政事务,却不常与学生接触,具体的选课排课等事宜该由其他科室处理。打过招呼,他得知这名学生来自社区学院,刚入学不久,按理说,他应该请对方另找时间去咨询其他人,毕竟现在是午餐时间,大部分老师都已离开办公室。但在简单观察后,根据长期处理本科教务事项所积累的经验,他马上意识到这名学生应该也是在满满的课程安排下好不容易抽出时间,上午刚一下课,就急匆匆地跑来咨询的。察觉了对方隐隐透露出的焦急,黄欢便决定尽可能帮助她解决问题。

这是一位来自江西的姑娘,很上进,想走上海高校的插班生考试流程,去更好的学校进修。但项目名额非常少,竞争激烈,每个专业内基本只有数一数二的尖子生能够获得申报资格。她来咨询选课情况,正是希望调整课程安排,使自己在竞争中获得更大的优势。那天,她刚结束一门科目的考试,没想到考砸了,谈及自己第一次离乡求学,怕父母担心,只是通过短信报平安,从开学到现在都还没和家人好好联系过,说着说着就落下泪来。黄欢赶紧安慰,他非常清楚学生为学业焦虑的痛点,也十分理解这些背井离乡独自求学的孩子是多么艰苦和不易,因此一边耐心安抚,一边有条不紊地介绍选课的相关情况,帮她分析利弊。聊了一个多小时后,他不仅基本解决了这位学生的需求,还与这位学生建立了联系,在往后的学期里时常与她交流学习和生活情况。对于黄欢而言,这段经历不仅是日常工作中的突发事务,更是一次学习的机会。有时候,师生关系和医患关系十分相似,解决问题、化解难处是教学工作与医疗工作的共同核心,而比起后者,教学工作者的视野更为综合,要解惑,更需育人,既要解决实际的物质问题,也要系统照顾学生的心灵健康。

十多年间,黄欢见证并帮助了许多学生,无论身处高校内的何种岗位,对于他而言,换位思考、站在学生的立场上理解问题,是一名教师必须具备的能力。同时,他渐渐学会在面对人生中的变化时进行换位思考,将所有变动视为再次学习、再次成长的机会。在岗位调动前,黄欢对继续教育的理解还比较浅显,只把它当作对一般学历教育的补充。进入继续教育学院工作后,他才逐渐意识到这个领域的业务内容比原先想象的深奥许多。大学的功能是多元的，人才培养、科学研究、社会服务的兼顾是一所高校办学水平的基本展现，继续教育便是对高校多元功能的一种整合，并能从中提炼出"终身学习""终身教育"等革命性观念，将学习与教育等概念的范畴不断推进，使学习不再只是书斋式的闭门修养，更升华为人类生命过程中提升自我素质、融入社会生活的核心素养。

针对学生的基础情况，继续教育学院设有学历教育和非学历教育两大板块，前者是较长期的学习进修，学院根据国家教育部下达的招生计划录取学生，并按教育主管部门认可的教学计划安排教学；后者则周期较短，主要是专业性、针对性较强的培训班、研修班，能有效满足学生的专业技能学习需求。整体而言，比起黄欢较为熟悉的本科生群体，如今服务的学生群体有更加清晰的学业及职业规划，他们不像大多数年轻学生那样懵懂、单纯地面对大学学业，而是对自己渴望学习的知识和技能有着明确的认知，目的性很强。不过，在黄欢看来，认真的学习态度、敏锐的感受力、良好的沟通能力、对教育事业的忠诚以及孜孜不倦的追求，是他对自己提出的一贯要求。

如果要用一句话形容自己对上海大学的认识，黄欢最先想到的是《庄子·人间世》中的那句"其作始也简，其将毕也必巨"。从院校初并到建制完备，上海大学所面临的局势日益复杂。除了办学规模的扩大和办学条件的改善外，高等教育的普及也正改变着社会对教育的认知，社会也随着认知的提升不断对教育内容、教学质量提出新要求，促使高校走上高质量发展道路。而在响应国家号召、建设终身学习型社会的大背景下，继续教育学院的存在是有"破题"价值的，它能很好地满足人民群众越来越高的学习需求，让高等教育回归社会，服务人民。落实到个人，黄欢便将进入继续教育学院的新岗位视作自己终身学习的一部分。学习新知识，适应新环境，他再次学习、再次成长，并努力在高等教育平台上与全院师生合力，完成上海大学继续教育学院针对国家与社会的服务战略。

以上大故事,浇灌走向乡村的实践之花

社会学院　黄圣婕

我与上海大学的故事开始于开学前的一通电话。电话里,辅导员把社会学院开学典礼新生代表发言的任务交给了我。

经过一番纠结,我最后选择以高中在农村做调研的经历为切入点,表达自己学习社会学是想要在未来深入调研农村地区、改善农民生活的目的。然而,踏下开学典礼讲台时我突然意识到,台上的我颇为自信地抒发心愿时,台下坐着的正是上大社会学院各个社会学研究领域的老师,其中自然也有聚焦农村社会学的。和他们的学术水平比起来,我的分享像是班门弄斧。

黄圣婕

所以,当我带着自己那经不起推敲的农村调研故事迈入上大校园时,我是相当心虚的。

值得庆幸的是,这种心虚并没有在我的上大记忆中存在太久。我本以为学院老师的课题成果和本科新生没太大关系,没想到刚从非洲回来的严俊老师就以加纳的跨国企业为题向我们讲授了一堂别开生面的经济社会学课;在社会学直招班的读书会上,杨勇老师结合他美国社会理论的研究方向,鼓励我们以跨文化视野横向比较中西方社会,更好地理解《乡土中国》中的差序格局概念;而在专业课上,吴金晶老师则以亲身经历为我答疑解惑。尽管自知能力不足,我还是鼓起勇气选择进入乡村进行质性访谈,以完成老师布置的课堂任务。方言的障碍、"外乡人"的身份、对农业生产的不熟悉……重重困难之下,我开始怀疑自己的研究了,吴老师对我的尝试却始终抱有极大的宽容。结课那天她告诉我,农村的田野调查需要在与当地人的长期相处中建立信任关系,而上大的许多教授恰好每年都会招募调研员,只要我愿意,就一定能积累丰富的农村实践经验。

作为一名本科生,我真正理解农村调研,是在上大社会学院作承办方的第十届费孝通学术思想论坛上。在分论坛,一位学长展示了他的团队在农村土地续包应否调整问题上的调研成果。他们走访了全国 12 个省份,以了解农民在续包问题上的意向,并前往农业生产第一线探索农民面对土地调整时的智慧。我至今仍然忘不了出席分论坛的中国社科院社会学研究所农村研究室主任张浩老师对这一课题的评价——他很高兴看到年轻一代积极地关注最前沿的农村问题,调研很成功,希望同学们能在理解农村政策演变规律的基础上再接再厉。我本以为,尚在校园之中的大学生无法做到与农民同吃同住,也就难以做出受到认可的成果。参加论坛之后,我惊觉,原来这样一个去往我憧憬的农村、实现自我价值的机会就在眼前。

真切明了上海大学能为这个机会提供足够广阔的平台,是在冬季学期的首日教育时。上海大学在第十八届"挑战杯"全国大学生课外学术科技作品竞赛中斩获特等奖的喜讯公布不久,获奖团队的学姐就为我们分享了竞赛的心得:她的团队在过去的一年里进入了陆家嘴的 14 个老旧小区,不仅调研了艺术赋能社区治理的全过程,还亲身参与其中,得到了广大居民的欢迎与认可。这个过程中,团队能关注到艺术与社区之间的关联点,离不开指导教授的学术敏锐度;能够顺利联系社区组织与参与社区设施美化的艺术家,并借助媒体广泛宣传,则离不开上海大学这个有力的平台。过去的我总是将学校与社会之间的隔层想象得无比分明,认为学生绝无可能真正进入社会。但经过此次首日教育,我意识到,大学其实正是学校与社会之间的过渡。在我入学的半年里,上海大学校团委组织了上大学子化身"小叶子",活跃在进博会现场;秋白书院开展了 2024 科创训练营,鼓励同学们踊跃报名大学生科技创新创业、寒假社会实践活动……在认识到上海大学是一个助我走向社会的出色平台之余,我也发现了原本乡村调研的梦想正在一步步向我靠近。

  作为一名大一学生,我与上海大学间的故事是一支尚在前奏部分的合奏曲。若能以诚挚将其奏响,最初播散心间的那颗调研乡村的种子也必将成功融入其中,开出充满生机的实践之花。

我的上大故事

社区学院　靳安琪

大学是人生的一个重要的阶段。在这里,我们不仅学到了专业的知识,还结交了许多志同道合的朋友,经历了许多难忘的时刻。

我是上海大学民族班的一名预科生,在 2022 年我就进入了上海大学。当时正值疫情,我们被通知推迟一个月来校,开学先上网课。在上网课期间,我对预科班里的其他同学几乎是一无所知的,大家都只能在上课时通过一个小小的摄像头互相了解。作为一个刚高考结束的学生,我对于大学生活充满向往与兴趣,好奇心驱使我想要尽

靳安琪

快来到校园。所以在新疆疫情缓和的时候,我就飞速来到了学校。刚进入校园,我拖着重重的行李箱,四处张望着,在心里憧憬着我丰富美好的大学生活。

来到学校后,我很快结识了一群志同道合的朋友。我的上大故事中他们的出镜率也是最高的。我的朋友有能歌善舞的维吾尔族、热情好客的苗族、温柔恬静的汉族,而我是马背上的民族——蒙古族。我们这个交际圈的结合完美地诠释了习近平总书记对全国人民的期望——各族儿女像石榴籽一样紧紧

拥抱在一起共同团结奋斗。在上海大学,我们民族预科班在每年都会举办民族文化节,我有幸在这次活动中担任了蒙古族摊位的负责人并表演开场舞。在民族文化节开始前的一个月,我们每天在课余时间跟一些喜欢跳舞、热爱民族舞蹈的姐姐们编排舞蹈。我们挤在小小的活动室,对着镜子一遍遍地练习,完善动作、控制面部表情。虽然我跳得不好,但负责指导我的姐姐非常耐心,一个动作一个动作地给我讲解,陪着我一遍遍地练习。最终,我的开场舞蹈《美赞古丽》成功点燃了大家的热情,为民族文化节拉开了序幕。在摊位展示中,我们八个民族——维吾尔族、哈萨克族、蒙古族、苗族、回族、侗族、藏族、满族都展示了各自民族的特色食物、服饰以及工艺品。我们蒙古族摊位展示的是风干牛肉、奶茶、奶酪、小糕点以及干果。在民族文化节开始之前,我和我的组员们将准备好的食物、民族首饰、服饰等摆好,准备迎接来参观的老师和同学。让我意外的是,我们的食物十分受欢迎,不一会儿,我们准备的食物就都派发完了。我正发愁时,我们班的蒙古族同学从寝室拿来了父母寄来的小零食,让我们的摊位又一次开启了美食之旅。我们摊位的一个同学说:"大家都是来参加民族文化节的,不能让他们什么都没有感受到,什么都没尝到就失望而归。"这就是文化的力量、民族的力量。在民族文化节结束之际,我们身着各民族的服饰一起手拉手跳着每个民族的舞蹈,每个人的脸上都洋溢着欢乐的笑容。

  我在上海大学的第一年,在校园中也收获了许多。在我看来,上海大学的校园里最浪漫的是如画的风景。学校里的泮池带给了我在上海大学里最美好的回忆。清澈的池水中是漫游的鲤鱼,池边是四季常绿的常青树,宽阔的草坪上留下无数美好的瞬间。还记得那个美丽的傍晚,泮池边,会乐器的同学自发组织了音乐活动,大家在星光下弹着吉他唱着歌,手中的闪光灯随着音乐摇动,激情也在音乐中被点燃。草坪上的同学摆开了野餐布,有的玩游戏,有的弹唱,不管是否认识,只要有人路过,就都会热情邀请"晚上好,过来一起玩吗?"还记得某个感性的夜晚,与朋友在泮池边敞开心扉,耳边不断传来欢呼的声音,越来越多同学穿着厚厚的衣服赶来泮池,从他们的言语中我们才知道今夜会有流星雨。我和朋友拆下电动车上的挡风被铺在泮池的草地上,等着传闻中的流星雨。夜渐渐深了,清晰的天空也变得模糊,雾气也到了地面上,我们预感可能看不到流星了,便打开闪光灯在草坪上合唱"陪你去看流星雨落在这地球上"。泮池带给我的不只是美好的瞬间,更让我从迷茫中找到了自己。

这就是我充满回忆、乐趣的大学生活故事,在这一年里,我收获了珍贵的友谊,增长了很多知识,感受到了大学校园的魅力。

一场浪漫的日久生情

社区学院　李若桐

人世间的爱恋,有的是一见钟情,有的是日久生情,我更欣赏日久生情,因为我喜欢那种细水长流的浪漫。

这是我来到上海大学的第二年。我是通过民族预科政策的途径考入这里的,起初我并不欢喜,因为上海大学并非我的第一志愿,可以说我是被迫选择了上大。

除此之外,上海大学是全国少有的预科专业定向的学校。而学校为我们来自四川省文科的同学选定的专业是汉语言文学,也就是学中文。我仍旧不欢喜,一方面在于我最想学的本就不是中文,另一方面则是因为上大的中文系在全国并不出名。也就是说,我既选择了一所自己不是那么喜欢的学校,又进入了一个自己不想选的专业。所以,在看到录取结果的时候,我脑中只剩下四个字:——前路无望。

李若桐

在我真的觉得我大概要虚度四年光阴的时候,我的观念随着课程的开始逐渐发生了改变。

预科的时候,我们班必修大学语文。也是由此,我得以认识到几位来自中文系的老师。无论是教授古代文学的梁奇老师,还是教授现当代文学的周海天老师,抑或讲授外国语言文学的张珊老师,他们都是那样认真负责。正是他们上课的魅力促使我想要重新认识汉语言文学这个专业。课余时间里,我曾进入上大文学院的官网去搜索这几位老师的个人简介,由此我才发现他们大多是从复旦大学毕业的博士,都拥有丰富的研究成果。回想起他们精彩的课程,我肃然起敬,才恍然明白,上大中文系的老师们其实都十分优秀。有这么好的资源,我应该珍惜而不是浪费,于是之后每次上课,我都认真听讲,也就逐渐喜欢上了汉语言文学。

当然真正让我重燃起汉语言文学学习欲望的,其实是教授应用写作的汪雨萌老师。第一次听说她的名字是在预科开学前与学姐的交流中,她们大多都讲到汪老师是个特别好的人,上课也很有意思。因此,即使并不喜欢写作,我还是期待着上她的应用写作课程。

2023年2月出现的一个社会热点事件是一位B站的up主——北大毕业的"全嘻嘻"策划的"北大宿舍对话上野千鹤子"活动,因为对话中涉及女性主义的内容因而引起了很大的争议,激发了社会的广泛讨论。汪老师在课上紧跟时事,与我们分享了她对这件事情的看法,以及她自身对于女性主义的认识,尤其是对于当下很多女性认为只有选择不婚的女性才是女性主义者的争议之下,她作为一个已婚人士对此的理解。她说:"结婚与不结婚都是为了幸福,我们讨论女性主义也是真正希望实现女性甚至是两性的幸福。"最令我感动的就是,她给出了对我们全班同学的期望:希望我们可以做一个自立、自强、具有质疑精神的新时代学子。在这一刻,我终于理解了,教育的意义是立德树人,而教育的内容同样也可以是丰富多彩的,而非拘泥于教材和理论的条条框框。

大一的冬季,我再一次选择了汪老师的应用写作课程,十分开心的是她还记得我。为了能够看清楚汪老师上课时的神采,每一次上课我都选择坐在第一排。我珍惜每一次与她的对视,因为我觉得那是一种灵魂的碰撞。我真是太喜欢上她的课了,以至于临近学期结束,我已经开始恋恋不舍了。

有时候我也在想,我听过那么多老师的课,为什么就这么喜欢汪老师的呢？大概是她实在是太真诚了，完全没有当老师的架子，甚至愿意同我们分享自己小时候因为身体不好努力"打怪升级"的故事。没有人会乐意把自己的曾经的痛苦一遍又一遍地剖析，但是为了我们更好地理解，她选择了这样做。

上了汪老师的课之后，我最大的变化在于现在的我会有写作的欲望。从前我十分厌恶写作，老感觉自己的文笔极差，也不会使用老师讲的各种写作技法，所以我的作文也很少得高分，但现在至少我不再畏惧写作了。

我真正爱上学中文，而汪老师，还有其他文学院的老师让我爱上中文系，爱上上海大学。上海大学有很多这样的好老师，他们安抚了我心中那种离家千里的漂泊感，让我觉得即使离家两千公里，比其他留在家乡学习的同学每年多花很多钱，来上海大学就读也是值得的。

这就是我的上大的故事，一个刚开篇还有更多可能性的故事，我愿称它为"一场浪漫的日久生情"。

记我的几位老师

社区学院　钮明阳

时光匆匆，不知不觉中已在上海大学度过了两个学期。曾几何时，我就在不断地幻想着我的大学生活，期待着将要遇到的大学老师。未进入大学之前，我对大学老师的印象停留在一个比较初级的阶段，认为到了大学以后，老师与学生之间的关系就疏远了，大家各司其职，不会再有过多的交集。但是，在上大的这两个学期中，这种印象慢慢消失，取而代之的是一种亲切感。在这之中，有些老师给我留下了十分深刻的印象。

钮明阳

首先，令我印象最为深刻的是秋季学期的英语老师。她看起来很年轻，个子比较矮小，每次见面都梳着一个"蘑菇头"，给人一种干净利落的感觉。事实上，英语老师的教学风格也确实干净利落，每次上课都很有条理，课程推进有条不紊。她很负责，每次课前都会发布一个详细的计划，告诉我们要学什么。她上课的独特之处是总会不时地分享她的英语学习经历，并给出一些建议。说实话，我个人认为这些建议是非常有用的。直到现在，我仍受益匪浅。除此之外，另一个独特之处在于平时分的计算。按她的意思，因为每个人的英语水平不同，所以仅靠作业算平时分的话对英语不好的同学来说是不公平的,因此,她在课堂上会多准备一些提问,根据提问的回答情况来计算我们的平时分。同时,她也会定期向同学们公布平时分,督促那些平时分比较低的同学上课认真听讲,积极回答问题。说实话,这一行为在我看来是很不同寻常的。据我所知,有许多英语老师的平时分都是不公开的,我的这位老师可以说很"特立独行"。

其次,给我留下深刻印象的还有我的辅导员。她是经济管理类的组长,平时也梳着一个"蘑菇头"。但与英语老师不同,她给人一种亲切随和的感觉。和她相处,无论是谈话还是干活,都有一种奇特的轻松感。在我的印象中,她也是第一位能在短短几次班会后,就能将大班的同学记个七七八八的老师。同时,我的这位辅导员也很负责。记得在秋季学期,我参加了一个参观"米哈游"的课程活动,活动时间刚好与周五的班会课时间冲突了。为了不影响签到,我便让我的舍友帮忙在签到时把假条交给辅导员。但由于疏忽,我临走前忘记把假条给舍友了。在我参观的过程中,只是听闻却没有拿到假条的辅导员很是担心,给我发了好几条信息,在我长时间没有回复后,给我打了一个电话,最终确认我的情况后她才放心。

另一位让我印象深刻的是 Python 课老师。起初,在选课小本本上,这位老师并未引起我的注意。由于想选的课没有抢到,我无奈之下选了她的课。但在我实实在在地上了课之后,我发现这位老师上课非常认真,还不时穿插一些经典考题,能够很快带着我们学懂知识点。她讲课时,也会有意识地把重点放在过去学长们犯过的错误上,举一反三让我们吸取经验教训,少走弯路。无论是上机实操还是课后作业,她都会耐心细致地回答同学们的问题,而且会根据问题选择不同的引导方式,启发我们主动思考,带着我们找到解决的办法。拿我的亲身经历来说,刚开始学 Python 时我什么都不会,也不乐意看课本,课后作业有很大一部分都不会做。第一次用"学习通"询问老师时,老师并没有直截了当回答,只是说在哪个章节上讲过,让我试一试自己去找找,看看能不能解决。当时我还觉得很反感,但现在看来,多亏了老师的这种做法,我才能通过作业把没弄懂的知识点搞明白。随着课程的深入,老师的经验优势便显现出来,她清楚我们的学习瓶颈,所以在大部分的情况下,老师把课程重点放在了难点突破上，力求一点就通。因此，我觉得这位老师是绝对善于教学的。正是有她的存在，我对 Python 课的考试一直很有自信。

还有一位让我记忆犹新的老师，他是我上的一节通识课的老师，给我们深入讲解《论语》。他是哲学专业毕业的，在讲《论语》时总是会将书里的内容与现实结合。说实话，这对我来说是很新颖的。在我初中和高中时，每次遇到《论语》，我的语文老师都只是简单地翻译一下句子，抑或讲一下这些名言对当下的意义。即便如此，其内容也非常空泛，一度让我觉得这些古文与我的"距离"很远。但上完这位老师的课后，我越发觉得《论语》与现实十分贴近。他还会向我们讲一些《论语》名言的"另一种角度"解读。或许是作为哲学人的独特思维吧，这些解读总能给我一种"大胆"但又不失逻辑的感觉。也正是因为他，我重新审视了读过文学经典，并努力从我所经历的一些事件中找寻与文学经典的交集。通过这样做，我对文学的体验更加深刻，也更清楚地了解了为何经典称之为经典，我也感觉到我的主观思维发生了奇妙的变化。可以说，这位老师改变了我对古文的看法。

回望过去的几个月，我与老师们经历了许多珍贵时刻。在上海大学的每位老师都各具特色，都给我留下了难以忘却的记忆。我有幸遇上了这样优秀的老师，这是我生命中的宝贵财富。同时，他们也使我意识到世界的广阔，让我更加坚信应当努力前行，为美好的未来奋斗。在此，我也感谢诸位老师的辛勤努力与付出，祝愿各位老师身体健康，事业顺利！

我的上大故事

计算机工程与科学学院　盛国轩

上海大学对我而言是什么？回首入学至今短短数月的时光，上海大学在我心中似乎已不仅是一所学校，更像是一群人、一种精神，一种新的生活方式的集合体，正是这些激励着我，在我前行的道路上助我披荆斩棘。

我很喜欢上海大学的老师。这里的老师不仅是知识的传授者，更给予我人生的启迪和指导，各个具有独特的人格魅力。在课堂上，我不仅能学到与课程相关的知识，更能学到许多生活中的道理和智慧，解决了我很多迫切的实际问题。祝波老师在课上反复强调"do right things, do things right"，这句简单而深刻的话语让我顿感醍醐灌顶。"做正确的事，把事做正确"，寥寥数字，便不仅帮助我少走了许多弯路，也倒逼着我思考何为正确，进而从根本上提高了我学习和生活的效率。

盛国轩

除了祝波老师，朱虹老师的课也给我留下了深刻的印象。课上，某小组的分享演讲的主题与爱情有关，其中有这样一句话："我们中的一些沉浸在谷底，一些沉浸在缎面中，还有一些沉浸在光芒下。世人万千种，浮云莫去求，斯人如彩虹,遇上方知有。"倒也确实,每一场失恋都只是还没有遇到对的人,只要愿意等待,我们都终将遇到自己的命中注定。

我更爱这里有趣而又要强的人。最令我印象深刻的是和学长的一次对话。入学之后,我在学业上非常投入,几乎把所有闲暇时间都投入到学习中,可秋季学期的绩点却十分不理想,令我心灰意冷。我疲惫得动弹不得,询问学长,自己的努力是否值得,自己的能力是否不如人。"其实大家都是这样的,一开始干劲十足,等到热情消退了,遇到阻力了,就会开始自我怀疑乃至退缩。为什么不起舞呢?人生不如意十之八九,你应该做的不是一股脑学,若是把学习当成任务,你会累的。去找到学与玩的平衡点,去享受这个过程。"学长答道。

是啊,去戴着镣铐起舞,去燃烧自己,却也要睁大眼睛体验生活中的点点滴滴。我看过为了保研废寝忘食衣带渐宽的同学疲惫又倔强的目光,看过考研学子案头堆积如山的真题,看过凌晨一点满员的通宵教室。我也看过团建饭桌上的笑脸,游戏界面前的欢呼,凌晨的天台上几十个人顶着寒风只为了看流星划过天空。

他们是同一群人。

我想,上大的人们教会我的是不役于外物,选择更多地去依从内心;不执于结果,体验更多的成长过程。生活从不应缺少娱乐和对美的欣赏,只是记得脚步不停,在前行中去发现惊喜。

伴随着在上大的学习,上大在我心中的形象也逐渐明晰。我逐渐认识到,大学生活是丰富多彩的,不只有考试和学业的堆积。大学是一个充满机遇和挑战的舞台,我们可以通过参与各种活动和社团,发展自己的兴趣爱好,结交志同道合的朋友。大学是一个知识的宝库,我们可以通过课堂学习和社会实践,不断充实自己的头脑,拓宽自己的视野。

上海大学对我来说,更是一种新的生活方式的象征。在这里,我不仅学到了知识,更重要的是学会了生活。我开始观察身边的人和事,学会思考和独立决策;我开始追求自己的兴趣和梦想,不再局限于应试教育的桎梏;我开始与志同道合的人相互交往,共同成长和进步。上海大学给了我一个崭新的舞台,让我有机会展现自己的才华和潜力。在上海大学的日子里,我不再迷茫和无助,我找到了学习的动力和目标。我开始积极参与各种活动,不断锻炼自己的能力和素质。我也开始思考自己的未来,对自己的职业目标和发展方向有了初步的想法。

上海大学是我人生中的一座重要里程碑。在这里的学习和生活让我重新认识自己,激发了我的潜能和激情。我将用心感受这段美好的时光,珍惜每一次机会,不断努力成长。

擘未来的引路者

——上海大学令人钦佩的辅导员

社区学院　盛怡娴

盛怡娴

说来惭愧,高中时期其实并没有把上海大学作为一个为之努力的目标而奋斗,要谈起最后为什么选择了上海大学,也许唯一的理由就是这是我能力所及的唯一一所"211"。于我而言,高中是一个很混乱的时期,尤其是在经历了换城市的转学之后,在经历了上海的疫情封控之后,在经历了春考秋考的高压之后,我逐渐从一个麻木的快乐的女生变成了有了自我思考能力但是由于对自己或一些事情看得过于透彻而陷入了存在主义危机的痛苦的人。本着人生就是一场虚无,活着就是对这个世界的最大尊重的原则,我并不对大学抱有什么期待。我固执地认为"上了大学就好了"这句话从来都只是用来安慰人的套路。

很幸运的是,我所认为的"烦人"的辅导员并没有在我身边出现。我们人文大类1班到3班的辅导员是胡雅老师,她被我们亲切地称呼为雅姐,我对她最原本的印象只是一个总是打扮得很有韵味的年轻有趣的老师,对待我们很宽松很友好,很多活动不会强制我们参加,是我认为的那种很不错的辅导员。

我本以为这种平和的、互相之间不会过多打扰的相处会一直持续下去,直到雅姐单独约了我去谈话。我有猜测到是否是因为刚开学填的心理调查问卷,我也做好了她只会完成任务式的随便讲一点安慰人的话的准备,但事实证明我总是把一切都想得太坏了。雅姐如她往常一样,很温柔地注视着我,很小心地询问我过去的事情,非常周到地试探道:"这是可以与你聊的问题吗?"我全程并没有感到不适,我只是觉得我可以讲很多很多事情而不需要顾虑,雅姐为我创造了一个很安全的心理咨询环境。这可能可以称得上进入上海大学之后我在老师这里得到的第一次温暖。即使我后来复盘这件事,认为雅姐并没有对我的具体心理问题有很多了解,她也许只是为了完成她作为辅导员的任务,甚至她可能更对我不经意间提起的八卦更感兴趣一点,但是这次的经历对于原本就没有任何期待的我来说,那一点点的温暖却真正打动了我,让我觉得大学生活其实不会有那么糟糕。雅姐还会在降温的时候对我进行慰问,即使我也知道这大概率也只是所需要完成的任务,但正如我所说的,我太需要一些温暖了,以至于这样的关心也足以让我嘴上调侃心里非常感动。

上海大学对我来说是人生的一次新征程,我度过了"条条框框"的高中时光,终于得以在重重压力中获得一丝丝被所有人都认可的放松。即使身上背负上了作为成人的生存压力,这一点点喘气的时间,也足以让我再次出发,在依旧是人生中最青春的时候追寻人生除了活着之外的意义,最起码找到自己所热爱的、可以让自己牢牢地抓住如救命稻草般的东西,为自己创造出一个最普通但也是最宝贵的未来。

我的上大故事

社区学院 王晨煜

我想和大家讲讲我的上大故事。

在大学一年级,我收获最大的便是在 SHU 中接触到浩如烟海的书籍。SHU 是上海大学的简称,与"书"同音,所以我每次说"我爱 SHU"时都会有种一语双关的感觉,带点沾沾自喜。

进了大学,我们会发现读到的书和之前接触的有着本质上的区别。大学的图书馆是研究型图书馆,有着大量的工具典籍、论文集、经典名著、专著,包罗万象,没有一门专业是找不到自己相关书籍的。

王晨煜

大学要做很多课余的工作,尤其是在短学期制的上大,老师给我们的往往是方法和指导,多数是"入门"的知识。此时,图书馆就发挥了巨大的作用,无论是学术性社团的材料准备、课堂上必做的研究分享,还是期末论文的写作,书籍都会成为你自学的帮手,为你提供各种知识。最重要的是,挑自己感兴趣的书读,真的是一件乐事。

书籍百花齐放,亦体现了上海大学与上海的海派文化的一脉相承,"海纳百川,兼容并蓄",既尊重多元又崇尚个性的体现。开放包容的学风使我们有了选课的自由。我上学期毫不犹豫地选了大二的选修课——"书籍史",即使我是一个大一的学生,即使我还没有分专业,但我可以在能完成大一学业要求的基础上随便选大二的课。

"书籍史"大致是一门集文献学、版本学、目录学、传播学、文学史、艺术史于一身的交叉课程,研究各类书籍从产生到传播的历史。书籍于是在我心中多了它本身的意义,而这门课就好像为我提供了认识书籍的新角度,让我窥到了一丝学术的广袤与无垠,让我有种豁然开朗的感觉。当然,这与授课老师的渊博学识有关。

老师并不是那种老学究,是一位很爱笑的女学者,上课特别有趣,总试图激发我们的学习兴趣,每次课后我心中的激动雀跃也确实都难以平息。我印象最深刻的是老师讲藏书家时说道:"书比人长寿。比起书,所有藏书家都是过眼云烟,他们明知这点,却穷尽毕生心血、家财,去求与书的一段缘。"

今日的古籍,整整散散,有的相聚在图书馆中,有的则流失海外令人扼腕。今日我能于大学的图书馆看到众多图书,已深感满足,不禁想到宋濂所说"坐大厦之下而诵诗书,无奔走之劳矣""凡所宜有之书,皆集于此,不必若余之手录,假诸人而后见也",我常为此深深感动。

高中时我特别喜欢归有光在《项脊轩志》中写的"借书满架,偃仰啸歌,冥然兀坐,万籁有声"。大一半年,我也积累了满宿舍书架的书,窗外是史铁生笔下结着"小灯笼"的栾树,是张晓风笔下被浣净了的绚丽云霞。

上海大学,又名宝山区第一人民公园。欢迎大家来这里,捧一本书,坐在泮池边,听花开花落,看云卷云舒,心亦有所SHU。

我的上大故事

社区学院　吴怡

夏季的上海最常被困在连绵的阴雨天气里,闷热潮湿的南方气候让初来上海的山西室友叫苦不迭,我实则对她那边的严寒也稍微犯怵,但到底是大雪更吸引本地小孩,于是在对雪天的畅想里,也絮絮叨叨地同她一道骂风骂雨,诅咒时而造访的坏天气,这是八月最初来上海大学的记忆之一。室友和睦,宿舍带独立卫生间,加之地处商业街,半夜归寝依然灯火通明,对我来说简直是完美的大学生活。

吴怡

寝室生活由寝室楼、寝室楼几步开外的驿站跟大垃圾筒数个以及寝室楼下的猫构成,前两者功能齐全,后者则像概率刷新的游戏非玩家角色,蹲在灌木间、草坪上、挡雨小亭的台阶下等待投喂。我喂过一次猫,猫是白色的,短毛,鼻下有一点黑,面相看上去不太年轻。我拆一根猫条,于是蹲在石板上的猫把脑袋凑过来吃食,趁此机会我便想摸猫的脑袋,埋头吃食的猫露出凶相,那因长期受惠而变得敦实的肉爪拍开了我,顿感到生活不易,只好收走内袋空空的猫条离去。当然,并非所有猫都如此,也有温软可爱的,但最常见到的还是凶巴巴爱晒太阳的那只"一点黑",眯缝眼的样子让我想到了通识课上的老教授。

老教授已经头发花白,跟所有有学识有能力的老教授一样精力充沛,喜欢拎着透明玻璃杯来上课,而对电子产品的使用不甚熟练,尤其体现在拿键盘敲字这一点。选他课的人并不多,课堂上大约有八九名学生,所以实则更应该说是选他课的人非常少,我常在前排落座。

近水楼台先得月之说诚不欺我,而大概亮眼的发型发色,简短的二字姓名也为原因之一,老教授与我熟络得快,在点其他人还需名册确认的阶段,我已可以跟他对答如流,更少人的课堂环境反倒方便了对话,老教授并不摆架,也比我想得要前卫有趣得多,使我得以从老教授那里听到一些新鲜的见闻,以诗词为主题的课里,主要培养我们对于诗歌的赏析和兴趣。最后一次交课程作业见时,他依然叫了声我的名字,于是那种小小的光荣感伴随至今,让我十足体验到在老师面前"刷存在感"的快乐。另外有名老师,课堂很生动,当然他大概不记得我的姓名,也常在交平常作业时指出我的问题,演讲时我更是埋头读稿,不敢直视,果不其然最后落得"不能埋头只念"的建议。老师实在是优秀的人,经历也丰富,让人每每听得不由自主专注,我想他的高要求不无道理,即使低学分也不妄此课,谁承想查询成绩那天的4.0叫我也足足乐了大半天,我想他见到我的认真,愿意分我一份赏识,这样的老师在我们的课堂里数不胜数,我很感激他们,作为一名普通学生,既学到了丰富多彩的知识,同时也得到了多么的光荣而快乐。

我在老师们身上看到了前一个时代,他们讲述着一些自我出生起就从未接触过的事物,那些事物在我的脑海中刻下一道沟壑,今天我记住了它们,再有朝一日希望我也能够对我的后辈们讲述它们。原来传承竟是一件如此微小的事情,是一件属于平凡人的事情。

夏季结束时,秋风刮得人睁不开眼,猫照旧窝在那里,我第一次见到有人摸它的毛茸茸的脑袋,旁边依据是一大袋猫粮。装腔作势怒骂猫的忘恩负义之时,也看到它防备之下并非没有柔软的一面,因此下次再见到猫时,我大概还会照旧喂一根猫条。喂难亲人的猫,问学,做事,大概都是差不多的样子,只要日日去做,不会得一个没有回报的结果,室友在我身旁哈哈大笑,一改初见的腼腆,如今,我们早已成为知心好友。

同上大一起成长

招生与毕业生就业工作办公室　叶亮
文学院　邓冰冰

1994年,叶亮高考投档录取到上海工业大学,那时的她尚不知即将展开一段生命中最特别的旅程,那将是她接下来30年学习生活的"起点"。当正式收到录取通知书时看到上海大学的字样,她顿时错愕了,"不是上海工业大学么？怎么变成上海大学了？"直到看到落款为上海大学招生办公室的"致新同学的一封信"中,信中说明了四校合并组建和钱伟长老校长的育人理念,她才意识到,她竟然是上海大学新合并组建的第一届学生。她母亲帮她把这封信保存至今,未曾想到,30年后她竟成为本科新生致信的起草人之一。从那一刻起,她与招生的情缘就此结下,风云际会之感伴随着她在上海大学成长,也在多年后的回首中不断清晰。

上海大学新合并组建初期,本科生源以上海学生为主,机械电子工程学院山东班是全校唯一的外地生源集中的班级,"山东班"也成了她和前后几届校友共同的烙印。刚进学校,扑面而来的选课和宿

叶亮

邓冰冰

管阿姨的沪语就让她不知所措(早在 1994 年学校就全面实施了选课制、学分制、短学期制)。要自己挑选课程安排上课时间?还可以挑选同时段不同的老师?再排队依次进入机房在小小的数字键盘上敲入课程号完成选课?这些在那个年代简直闻所未闻。还好不久就有学长来探望,其中有位学长自我介绍是"导生",拿着厚厚的教学大纲一点点地指导,带她熟悉校园、了解沪语文化甚至认识这个城市,她们也自此结下了深厚的友谊。

如果说上海大学为她打开了一扇窗,那么坐落的这个城市则打开了一扇门,一扇通往新世界的大门。她曾在课堂上对着用苏北话讲高等数学课的老先生抓耳挠腮,课间赶紧找同学补笔记;也曾在红星楼参加新生扫盲舞会紧张得手足无措;还曾经穿过广中路曲阳路到同济大学旁听外滩建筑课,跟随学姐们踩着单车到华东师范大学见联谊寝室的同学,参加在上海交通大学举办的大学生电影节,到外滩看刚落成的东方明珠,《繁花》剧中在外滩争看东方明珠人头攒动的场景,她仿佛也看到了自己当年的影子。她的大学生活在如此丰富的场景中展开,不知不觉中她已经以上海大学为傲。

时任上海大学校长的钱伟长注重培养"全面发展的人",提出了"拆除四堵墙"的办学理念,实行的"三制"培养模式给了学生极大的自由建构自己的知识体系,叶亮也在这样的环境下慢慢学会了选择,不论是选择课程,抑或是选择方向,一点点累积起来就形成了人生的轨迹。作为一个高考物理成绩并不理想,却读了机械专业的学生,她一头扎进图书馆翻读三大力学的参考资料,捏橡皮泥理解立体几何的三视图,克服本专业的学习困难;在得知学校实施双学位辅修的政策后,她报名申请被选拔进入知识产权双学位的学习,有幸成为首届学生聆听了当年众多业内大咖专家亲自讲授的课程,获得了双学位证书。就这样,她克服困难一路向上攀登,获得多项奖学金,本科毕业留校进入计算机工程与科学学院。

从本科的机械设计与制造专业到硕士的计算机科学技术专业,其实也是叶亮在"拆除学科与学科的墙"教育理念熏陶下的转向。那时学生宿舍分配已经打破了专业的界限,叶亮的舍友们来自计算机学院。当她泡在通宵教室将 0 号图纸铺满画板,用一个个线条和符号绘制机械设备的俯视、剖视等各类视图时,舍友则在机房运行调试代码,把编写的程序存储在 3.5 英寸盘里。这种来自存储介质差异的震惊体验,是她对于计算机专业最初的认识。四年的宿舍生活让她耳濡目染了不少计算机的专业知识,无意中启蒙了另外一个专业方向,计算机学院也成为了她留校后工作十八年的母院。

在不断选择的人生里,总有驻足时分。硕士毕业后,她的心中依旧存在很多困惑,这困惑是十余年前高中时期留下的探问。她在文理分科时属意文科,在父母一再劝导下才选择了理科,虽然在求学过程中也是逢山开路、遇水架桥,但依旧感到苦闷。当她在路过教室听到拜伦,兴致冲冲地走近却发现老师讲的是齿轮时,这种苦闷就以具象的形式,成为空气中挥散不去的存在。她喜爱人文,但兴趣之至又不足以作为专业,到底什么专业能作为身心投入的研究方向,她仍旧困惑。后来机缘巧合,她接触到了管理学,在自然科学和人文科学的交叉点上,她蓦然回首发现了兴趣所在,继而读完了管理科学与工程的博士。

正是三个学位阶段三个专业的背景,让叶亮深深地感受到招生工作中所蕴含的使命责任。学会选择是人生中的重要命题,高考志愿填报,不仅是选择一所高校、一个专业,更是选择一条发展道路。招生是育人的首要环节,首先要了解高校的人才培养理念,了解大学的学科专业,然后才会关注招生政策。于是叶亮在进入上海大学招生就业处后,开始策划招生宣传,如何既从全面视角展示学校办学实力,又基于学生需求展现学科专业内涵从而引导专业志趣的契合。这不仅仅是立足于工作,同时也是叶亮回望自己一路走来对于专业选择的感悟。

她依旧记得2016年参与打造"期待遇见"这版招生宣传片时,与温哥华电影学院的外籍导演多次开会讨论,最后确定用音乐学院名誉院长曹鹏老先生指挥的交响乐为主旋律,以学子的课内外生活场景传达奋发向上的青春风貌,"上善若水,海纳百川,大道明德,学用济世"的大学精神和"知行合一,追求卓越"的校风在激昂的音乐中淋漓彰显。当招生宣传组的师生们走入高中,每一次招生宣传片的音乐响起,也是同未来的上大人的一次精神共鸣。

在与新上大同呼吸共成长的过程中,叶亮深刻体会到学校一路以来的砥砺前行,也因此更加强烈地感受到"自强不息,道济天下"的校训精神。弘舸起航,叶亮有幸与新上大相遇相守,也将与无数上大人一道,共谱上海大学发展的新篇章。

学海无涯，明灯引航

经济学院　袁豪泽

步入上海大学的校园，我仿佛置身于知识的海洋。每一位老师都像是引航的灯塔，不仅指引我探索学术的深度，也在无形中影响着我的人生观念。在这篇征文稿中，我将分享那些见之难忘的老师们。

启航：教师的学者风范

在上海大学的校园内，有一位桃李满天下的教授，不仅以其卓越的学术成就著称，更以其深厚的学者风范在学生心中留下了不可磨灭的印记，他就是我们的孙教授。孙教授的课总是座无虚席，他的教学方式独树一帜，深受学生喜爱。在课堂上，孙教授总能以生动鲜活的案例，将枯燥的历史知识转化为一幅幅栩栩如生的画卷，让学生们对历史产生浓厚的兴趣。他不仅深入浅出地讲授历史知识，还经常引导学生们思考历史与现实的联系，鼓励他们在学习的基础上，开展独立思考和创新研究。

孙教授的治学精神同样令人钦佩。他坚持一手材料的深入研究，反对任

袁豪泽

何形式的学术浮躁,他的学术著作层次分明、论证严谨,是学界公认的权威之作。他对待学术的严谨态度深深影响着每一位学生,让我们深感做学问时严谨和科学的重要性。孙教授还经常利用课余时间,组织我们参与各类学术研讨会和学术考察,不仅拓宽了我们的视野,也锻炼了我们的实践能力。在孙教授的指导下,许多学生在本科阶段就已经开始尝试撰写学术论文,有的甚至已在国内外学术期刊上发表文章,取得了优异的成绩。

孙教授的学者风范在学术界传颂已久,他的学术讲座总能吸引大批师生。在这些讲座中,孙教授总是能将复杂的历史理论与现实问题相结合,展现出他对知识的深刻理解和宏观视野。他的讲解通俗易懂,却又不失学术深度,使得听众不仅能够获得知识上的启迪,还能够在思想上得到升华。他的言传身教,使得许多学生在他的指引下找到了自己的学术方向,甚至在毕业后仍然将孙教授视为学术上的楷模和人生的导师。在学术界,孙教授因其卓越的研究成果和对后学的悉心培养,赢得了同行的尊敬和学生的爱戴。

然而,孙教授对学生最深远的影响,莫过于他的教书育人理念。在他看来,教授应当成为学生思想成长的引路人,而非仅仅是知识的传授者。他经常在课后与学生进行深入的交流,倾听学生的想法和困惑,给予学生详尽而准确的指导。在他的影响下,我们学会了如何以历史的眼光审视现实,如何将学术研究与社会实践相结合。孙教授常常在学生面临重要选择时给予他们明智的建议。

在孙教授的教导下,我们不仅学会了如何做学问,更学会了如何做人。我们在孙教授的学者风范熏陶下,逐渐形成了自己的学术态度和人生观念。我们明白了学术研究不仅仅是为了获取知识,更是一种对真理的追求,一种对科学的尊重,一种对人生的态度。在孙教授学者风范的影响下,不少学生在学术道路上继续前行,成了各自领域的佼佼者。而那些选择走向其他行业的学生,也将孙教授的教诲内化为人生的指南,无论面对何种挑战,都能够坚持原则,作出正确的选择。

孙教授的学术生涯与教书育人的事迹在校园里流传甚广,他的名字成为了学术严谨、教学热忱的代名词。他将自己对学术的热爱和对学生的关怀融为一体，以一名教师的身份，影响和塑造了一代又一代的学生。通过他的教导，无数学生在上海这座城市的大学里启航，开启了属于自己的学术之旅。

在我们心中，孙教授既是一位严厉的导师，又是一位慈祥的长者。我们与孙教授之间建立起深厚的师生情谊，即使毕业多年，仍然常常相约回校拜访这位德高望重的恩师。

探索：治学精神的熏陶

在上海大学的校园里，春风拂过书卷的淡淡墨香，走在这里的学子们仿佛能够直接接触到知识的精髓。而这所大学的教授们，无疑是传承和发扬治学精神的中流砥柱。他们不仅以其深厚的学术造诣赢得了国内外的声誉，更以严谨的学术态度和对学问的不倦追求，深深影响着每一位学子的心灵。

当谈及这些教授们的治学精神，我们不得不提到他们在学术研究中的严谨态度。这种态度并非空洞的口号，而是体现在他们的研究实践和教学生活中的点点滴滴。例如，历史系的张教授在毕业论文指导时，总是要求学生深入原始资料，一丝不苟地核对每个历史事件的时间、地点、人物和背景，力求恢复历史的真实面貌。他经常告诉学生："历史研究中最忌讳的是主观臆断，我们要以事实为依据，以严密的逻辑推理来验证我们的观点。"这种不容许半点马虎的严谨态度，让学生们在历史的长河中学会了如何辨别真伪，如何建立自己的观点。

在自然科学领域，这种严谨态度更是如同科研的生命线。物理系的李教授，他所领导的实验室内总是充斥着紧张而有序的氛围。每当有新的实验设计出台，他和他的团队会反复推敲实验方案的可行性，确保每一个变量都能被严格控制。在数据收集的过程中，任何小的偏差都会被当作重大问题予以及时处理。李教授的这种对实验精度的极端追求，让他的研究成果在国际上赢得了极高的荣誉。学生们在他潜移默化的影响下，渐渐养成了对科学研究严谨认真的态度，无论是在学术上还是未来的工作中，这种精神都将是取之不尽的宝贵财富。

在人文社科的讨论课上,老师们也总能以其深邃的思考和对知识的纯粹追求来启发学生。哲学系的王教授就是这样的一位学者。在他的课上,从古希腊哲学到当代西方思想,他总能将复杂的哲学理论以生动的案例和贴近生活的方式呈现给学生。他鼓励学生们质疑、思考,不满足于表面的理解,要挖掘哲学概念背后的深层含义。他经常提道:"真正的学问不是简单地去记忆和重复,而是要不断地思考和实践,形成自己对世界的独立见解。"王教授的这种激励和引导,使得学生们在思考的海洋中学会了独立游泳,成长为真正的思想者。

此外,老师们在教学过程中不断强调的研究伦理,也是其治学精神的重要组成部分。在学术界,研究伦理是维持学术诚信和进步的基石。无论是在引用他人研究成果时的规范引用,还是在公布研究数据时的透明公正,老师们都以身作则,为学生树立了良好的学术榜样。他们常教导学生:"学术研究的过程和结果必须是可靠和可信的,这不仅是对自己负责,更是对整个学术共同体的负责。"

这种对知识深刻的探索和对学术严谨的追求,最终形成了一种影响深远的治学精神。这种精神不仅在学生们的学习生活中发挥着作用,在他们步入社会后的职业生涯中依旧发光发热。它教会了学生们如何面对复杂多变的世界,如何在纷繁的信息中甄别真伪,如何在挑战面前保持清醒的头脑和坚定的信念。这种治学精神的熏陶,是大学教育最宝贵的财富之一,它不仅塑造了学生的学术素养,更塑造了学生的人生观和世界观。

我很珍惜与老师们的每一次交流,他们的言传身教将是我人生最宝贵的财富。学海无涯,学习永无止境,而在上大的这段旅程,我学会了如何扬帆起航,勇敢地面对未知的海域。

科研：一门在时间中淬炼的艺术
——钟云波与上大的故事

材料科学与工程学院　钟云波
文学院　施岳宏

台下，上千名学生静坐在红色塑料凳上。校服大体是浅蓝色，只有中间从领子到衣摆的一小块是并不扎眼的黑色。从讲台上远远望去，他们像一大片短暂定格于体艺馆内的海浪。阔别三十余年，重回母校湖南省浏阳市第一中学开展招宣讲座，钟云波的心情是有点澎湃的。他演讲的主题是"冶金和材料科学的魅力-兼漫谈来自 2050 年前的机遇"，晚上六点半开始，讲到八点时，学生们本该去上晚自习了，但同学们听得津津有味，仍然不愿离开。校长只好站起来挥挥手，说，钟教授讲得太精彩了，同学们爱听，就请接着讲下去吧。

八点半宣讲结束后，钟云波背起双肩包，却见几个学生围上来，拿着笔记本找自己要签名。他腼腆地签下，一抬头，惊见求签的学生排成了长串，队伍还正从讲台远远地漫向馆口。这种"明星"般的待遇

钟云波

施岳宏

让钟云波感慨万千：今后，这些孩子中肯定会有人选择上海大学、选择投身中国的科研。这些高中学生虽然还很青涩，但未来前程远大，不可估量。一想到这些，他就倍感欣慰和鼓舞——能为高中阶段的学子指引方向，这无疑是作为一名高校教师至高无上的荣耀。

  与宣讲前的心情相反，1996年9月，从湖南长沙到上海的火车上，钟云波有些忐忑，也有些紧张：自己学的是有色冶金专业，而即将从事的专业是钢铁冶金，完全是不熟悉的专业和领域。望着山岭尖头不断跳跃的金色光点，他对前往上海大学读博深造满怀期待却又充满担忧：我能成功吗？听说上海人喜甜，而作为土生土长的湖南人，他习惯于偏辣的口味。怕自己吃不惯，临走时，家里人专门往他包里塞了一罐辣酱，自家制的。到了上海大学，才发现外地学生比比皆是，在食堂或校园周边，各种口味的餐食应有尽有。不过，当时校内的科研设备可就没有那么周全了。要开展深入的实验，许多设备都没有，还得自己造。在导师徐匡迪院士的指导下（钟云波的博士副导师为任忠鸣教授，杰青/长江学者），材料科学与工程学院的战略科研思维就是：围绕行业未来将面临的科学问题，埋头苦干10—15年。要耐得住性子，甘坐冷板凳。湖南人有一种天生特质，就是"霸蛮"精神：没有设备就创制设备，没有条件就创造条件，努力在基础科学研究前沿领域寻求新的突破。

  什么是基础研究？打个比方，如果要造一栋房子，得从砌砖开始，而房屋的质量不仅取决于砌砖技术的好坏，更依赖砖头本身的质量。材料科学领域内的基础研究，就是给房子寻找或炼制一块坚实、耐磨的好砖头。往大里说，就是在科学原理层面提升加工技术，为各行各业的基础材料升级赋能，不断创造出更高质量的"好砖"。这可不是几年内就能见效的工作任务，而必将是长达十数年的科研攻坚。

  万事开头难，尤其在国内当时基本为空白的电磁冶金领域，钟云波最初的科研状态便是不停碰壁，除了一张不太清晰的照片和一篇日文文献以外，没有任何其他的资料可以参考。有时候，好不容易设计出一套装备，却发现无法使用，后续的第二套也存在问题，恹恹地做出第三套，还是不行。这些困难屡屡出现，让人焦头烂额。在开展电磁净化研究时，他需要制备多套要求很高的、特殊的耐火材料长管道：耐火材料管道内壁必须光滑、容易成型各种截面、耐高温还不能开裂，耐火材料还必须具有良好的高温化学惰性（不与金属熔体反应）、需要500 mm以上的长度、实验完以后又要能轻松破碎，取出内部的金属试样进行分析。以往铸造常用的耐火水泥根本就不行，耐火度和高温强度无法满足要求；炼钢用的镁砂、炼铜用的硅砂等又无法浇铸成型，试验了很多次都失败了，电磁净化实验一个都做不了。

当时，市面上找不到任何的可替代产品，找了好多厂家进行非标定制，反馈说至少得等一年半载，加上模具和试验配方，成本极其昂贵，厂家还不能保证能用。冥思苦想中，钟云波突然领悟到：问题的症结就在于要找到一种合适的耐火材料。而钢铁冶炼中经常会看到一些形状各异的耐火砖、浇道砖，既耐高温又强度高，形状还很完整，表面也很光洁，是怎么做出来的？我们能否找到原材料自己做呢？有了这个想法，他就马上行动。然而，身边的老师和师兄弟都是搞金属材料的，对耐火材料也不熟悉。找来教材仔细琢磨，也不得要领，怎么办？孔子曰：三人行，必有我师焉。偌大的一个上海，周边冶金企业众多，应用的耐火材料也众多，肯定可以找到合适的耐火材料。找专家请教、找企业请教、找工人请教，无论询问对象在行内或行外，只要工作涉及耐火材料，都有可能提供解决问题的思路或契机。他骑着"除了铃铛不响其他地方都在响"的、上届师兄赠送给他的破自行车。结合公交车，跑遍了大半个上海找合适的耐火材料。南到莘庄、北到罗甸、西至嘉定、东到泰和路。有一次，在靠近嘉定的一个耐火材料厂遇到冯总工程师，是上海科技大学（1994年合并成新上海大学）无机非金属材料专业毕业的校友。看到钟云波周五快下班时来到厂子里找材料，冯总工非常欣赏，问明要求后告诉钟云波：你明天上午再过来，我帮你现场免费配制一种符合你要求的耐火材料。然而，第二天，配置出的耐火材料还是没有达到要求。但从冯总工那里，他学到了很多的耐火材料知识和成型工艺思路。

终于，在数不清的拨号与实地调研、查资料、请教失败后，有一天他碰到了当时任上海市钢铁冶金重点实验室副主任的马金昌老师，马老师专门负责钢铁的高温熔炼工作多年，应该跟耐火材料打过交道。他在一个发黄的笔记本中找到一串电话,说这个公司曾经生产过一种耐高温、易成型的耐火材料,可以抹在铜管感应线圈上实现绝缘和耐高温,甚至能耐 1 600℃的高温钢液侵蚀。钟云波马上意识到,这可能就是他日思夜想的东西,他赶忙联系公司,买得材料,重新加工,并对结构进行了改进,成功制备出长达数百毫米的耐火材料管道,综合性能很好,从而解决了电磁净化中必须解决的难题。

也正是经过长达半年多的调研和实践,钟云波发现他对金属熔炼、钢铁冶炼中的耐火材料有了全新的认识和理解。在随后二十余年中,无论是钢铁、铝合金、铜合金还是锌合金等合金熔炼和连铸中需要的耐火材料,钟云波都能找到合适的低成本解决方案,这也成为他后来在钢铁和有色合金精炼和连铸中不断取得突破的重要因素之一。因为专业知识结构差异,很多的冶金和金属材料科研工作者都接触不到耐火材料知识,在设计高温熔体实验时困难重重。这也表明,掌握多学科的知识非常重要,解决问题的思路也很重要。

钟云波感觉自己慢慢适应了这种科研氛围,适应了"屡败屡战""坐冷板凳",适应了不畏艰辛地解决一个又一个基础科学难题的科研生活,也感受到了"无心插柳柳成荫"的快乐。1996 年 10 月的一天早上,他忽然发现那罐从老家带来的仅开封过一次的辣酱,被自己忘在了柜子里,辣酱已经长毛了,到上海大学已经一个月,他已经很久没有吃辣酱了,但他一点也没觉得难受,难道自己已经适应了上海大学的饮食和生活?他开心地笑了。

"毒蛇出没之处,三步之内必有解药"。这便是钟云波面对困难的行动指南,他把遇到的各种"困难"看成"毒蛇",而这种"毒蛇",往往在身边的环境中、周边的老师中,只要仔细思考和虚心请教,就能找到"解药"。这也是他在上海大学收获的最重要的"科研法宝"之一。碰上问题,若只会一根筋钻牛角尖,再努力也不一定能成功。尤其在基础研究这块无人区内,科研工作者往往买不到现成的装备或部件,没有任何前人的经验可以借鉴。开阔视野、换向思维和逆向思维、多向外界请教,在漫长的时光中坚持不懈地寻找解决问题的契机,才可能取得真正的突破。科研并不神秘,就是在消逝的时间中不断炼化自己、升华自己、淬炼自己。然后拨云见日、豁然开朗,走向风光无限的山峰。

长期的潜心科研和深入思考、持之以恒的实践验证,钟云波的成果,终于迎来了井喷式的发展。2002年,他的博士论文荣获全国百篇优秀论文称誉;2005年和2006年,他连续两次获得国家自然基金面上项目资助;2008年,他获得"863计划"资助;2010年,获得第一个国家自然科学基金重点;2014年,他晋升三级教授;2015年,获得中国金属学会第六届冶金青年科技奖;2017年,开发的高强高导铜合金制备技术成果实现重大成果转化;同年12月入选国家级人才计划;2019年,发表省部共建国重首篇Nature Com.论文;2020年获得上海市自然科学一等奖(第三完成人);2021年,发表上海大学建校百年来一作一单一通讯均来自上海大学的首篇Science论文;2022年,获得上海市技术发明一等奖;2023年,获得中国有色金属工业科学技术一等奖……

  回浏阳一中宣讲的几天后,钟云波接到妹夫打来的电话,说他儿子就在一中读高中,而且就在宣讲会的现场。散场时,外甥害羞,没找他要签名,回家后倒和爸妈兴奋地念叨起来,说舅舅在台上讲解科学知识,周围的同学们都听入迷了,大家都没想到冶金和材料科学是一门这么重要的学问,由它衍生进化出的高级部件、装备、芯片等支撑着各行各业的发展基础。原来,做科研就是研究怎样让更多高性能的材料改善广大人民的生活,研究如何让新材料使国家不断富起来、强起来。放下电话后,钟云波更坚定了推进招宣工作的决心。他知道,对于科研工作,不能仅仅依靠好环境培养人才,更要吸纳人才来铸炼环境。"路曼曼其修远兮,吾将上下而求索",钟云波谨记上海大学的"自强不息"校训,孜孜以求,诲人不倦,优秀的学术底蕴养成了他潜心向学、不畏寂寞、勇于创新的精神,而在不断探索和不断突破中,他也将带领团队、带领学院,在科研的道路上不断攀登更高的山峰。

第四章 青春飞扬

携梦启航,岁月如歌
——我在上海大学的青春岁月

管理学院　范文静

夏季匆匆结束,随着冬日寒霜的悄然来临,我渐渐对我的母校——上海大学,这所美丽的、富有故事的学校产生了深深的眷恋。它如同一座丰碑,镌刻着红色校史的厚重,承载着上大精神的厚重,铸就了学校发展和师生情谊的深沉底蕴。站在这片沃土上,我感悟到"上善若水,海纳百川,大道明德,学用济世"的大学精神,迎着新的学习征程再次起航,共青春,擘未来。

范文静

回首过去,母校的红色校史犹如一本生动的教科书,将革命的岁月娓娓道来。从创建之初,艰苦奋斗的岁月到如今的蓬勃发展,每一步都是奋斗的足迹,每一个时期都是历史的一页。这片土地上孕育着一代又一代的青年,他们肩负着时代的重担,为国家的繁荣昌盛贡献着自己的力量。红色校史教诲我们要铭记历史,珍惜现在,为未来奋斗。

上海大学精神,蕴含在"上善若水,海纳百川,大道明德,学用济世"的精神中,如同一盏明灯,照亮着我们前行的方向。这不仅仅是一句庄严的口号,更是一种行为准则。在学业中,我深感上大精神的力量,如水般平和又坚韧。善待他人,包容百川,我们仿佛是水,能够适应各种环境,拥抱不同文化,吸纳丰富经验。在学用济世的理念下,我们不仅仅追求个人的成就,更努力将所学知识运用到实际中,为社会做出积极贡献。

在上大学习的日子,我深刻体验到了上大的学术氛围和师资力量。每一位教授都是一位学术领域的专家,他们悉心教诲,传授着丰富的知识。在课堂上,思维的碰撞激发着我们的创造力,让我们在学术的海洋中不断成长。而与此同时,我结识了一群志同道合的同窗好友,我们一同探讨问题,一同成长。这个情谊深厚的大家庭,渐渐成为我人生中的美丽港湾。

作为大一新生,我看到了许多同学对上大精神的理解和践行。他们纷纷加入学生组织,积极参与公益活动,践行大道明德的理念。在志愿活动中,他们像小河一样悄然奉献,无私地帮助他人,展现了上善若水的品格。更有同学以创新的思维,提出了许多改善学校环境的建议,展现了学用济世的情怀。这一代的新生们,正在以实际行动传承和发扬上大精神,为学校增添了一抹蓬勃的活力。

生活是上大故事中的另一页美好篇章。校园四季更迭,每一个角落都弥漫着青春的气息。姹紫嫣红的秋菊,芳香扑鼻的寒梅,以及如茵的夏草,都是校园里青春的印记。每一次走在校园小路上,我都能感受到岁月的静好,如同一曲悠扬的旋律在耳畔回荡。

在新征程的开始,我怀揣对未来的憧憬和信心。我深知,上海大学为我提供了丰富的学术资源和广阔的发展空间,我将努力学有所成,将所学知识转化为实际能力。同时,我也将秉持着上大精神,以海纳百川的胸怀拥抱世界。我相信,通过这片沃土的滋养,我们这一代的学子将会在未来的舞台上绽放出更为璀璨的光芒。

共青春,擘未来,这不仅是一句口号,更是上海大学培养学子的使命。在这个大家庭中,我们每个人都是上大精神的传承者和实践者。在新学期的开始,我看到了许多大一新生对学校的上大精神的独特理解。有的同学认为,上大精神就是要像水一样,谦虚、包容,顺应社会的发展潮流,只有与时俱进,学会适应变化,才能在激烈的社会竞争中立于不败之地。这种理解体现了上大精神中"上善若水"和"海纳百川"的含义,让我深感新生对自身发展的积极态度。

另一方面,也有同学将上大精神理解为勇攀科学高峰的动力。他们认为,上大精神是对卓越的追求,是对大道明德的实践。这些同学积极投入学术研究、科技创新等领域,努力突破自己的学术边界,追求卓越。在他们眼中,学用济世不仅仅是为了社会服务,更是通过自身的成就来回馈社会,成为社会的中流砥柱。在校园中,上大精神的体现不仅仅局限于学业和科研,更融入了丰富多彩的校园文化生活中。学校组织的各类活动,如歌手大赛、"百团大战"、校运动会等,都成为同学们展现自我的舞台。在这些活动中,上大精神得到了生动的表达。同学们积极参与,展现出团结协作、互帮互助的精神风貌,让整个校园充满了活力。

与此同时,学校也为学生提供了广泛的社会实践机会。通过参与社会公益活动、实习实训等,同学们能够更深入地理解上大精神的内涵。有的同学选择到偏远地区支教,有的参与社区服务,这些经历让他们深刻体会到上大精神的社会责任感和担当精神。在服务社会的过程中,他们不仅帮助他人,更锻炼了自己的团队协作能力和领导才能。

在上海大学的校园里,每一个角落都闪耀着上大精神的光辉。无论是图书馆里沉浸在书海中的学子,还是操场上挥洒汗水的运动员,抑或实验室里埋头苦干的科研人员,都在以各自的方式诠释着这一精神。这正是上大精神的魅力所在,它超越了任何个体,成为一个共同的信仰,凝聚着整个校园的力量。

回首自己刚刚开始的大学岁月,我深感在上海大学这片沃土上所获得的一切。学业的拓展,人际关系的深厚,对社会的认知,这一切都离不开上大精神的引领。在这里,我不仅获得了专业知识,更培养了独立思考和解决问题的能力。我看到身边的同学们在追求梦想的道路上不断前行,我看到学校在不断进步中焕发出崭新的活力。

未来,我怀揣着对上海大学的感激之情,将继续发扬上大精神,为社会做出更多贡献。这不仅是对母校的回馈,更是对自己成长历程的铭记。共青春,擘未来,在上海大学的校园里,我们继续奋斗,书写着属于我们的青春篇章。这是一段承载着梦想、拼搏与奋斗的历程,在这片沃土上,我们将携手前行,迎接更加美好的明天。

律动青春在上大

中欧工程技术学院　胡欣宇

有这么一句话——"一个人无法同时拥有青春和对青春的感受。"我从前认为这是很美的句子，在高考之后的朋友圈里，别离之情甚浓之时，我与其邂逅，也为之动容。

直到我怀揣这般愁思，在上大，为青春的独特感受而心醉。

初步入上大校门，最先映入眼帘的，就是上大的景。

在此之前，对上大的初印象，莫过于在校园官网上，湛蓝天空下，本部图书馆棱角分明、"刚""柔"并济、大气恢宏的景象，不禁让人心驰神往。

胡欣宇

而我步入上大，最先看到的，其实并非印象中的标志性建筑，而是此后将与我日夜共处的上大南区。

你若在从前问我什么可算作美景，我脑海中最先浮现的定然是名胜古迹、壮美河山，那些让人眼前一亮、虎躯一震的景色，决计不会把简单的住宿区之景纳入其中。而我现在却改变了这种想法。

上大的绿化是极佳的，在住宿区亦是如此。

宿舍楼前的各色松杉各有风貌、千姿百态。

在傍晚最后几缕柔光的映照下,形状各异的叶片会在高处或笼着光晕、或静谧在阴影,过额的小风会吹走罩在周身的沉淀了一天的疲倦,让一切归于宁静。

若在闲暇时分于宿舍楼上的窗边向下俯瞰,风和日丽、天色晴好,视野开阔,近处或者远处的树木,尽收眼底,都不是一成不变的绿,而是诸色相合、层次分明、相得益彰,深绿浅绿、深黄浅黄、俏皮的浅紫或橙,让人不禁感慨,不论在什么时节,走在上大校园,都可以遍览四季。远处的本部图书馆巍然屹立,在一众楼宇与各式树木间鹤立,众星拱月,是可一眼望穿的远方。

我也爱每早赶往教学楼途中道旁的景致。

有时,晨雾将尽未尽,树木湿气未散,晨光穿透枝叶间的缝隙,道道澄澈明亮的光束直射人心,仿若涤荡万物的救赎之光,沐浴其中便能洗尽铅华,皈依于圣洁且永葆赤子之心;也仿若蒙昧之中迸射而出的传世箴言,振聋发聩间,刺破滞障万难,点化灵智,辟开一席清明。

有时,雨过暂歇,万物都裹上潮湿的雨衣,树木于白茫茫的雾中若隐若现,浓绿化为深黑,仿佛匿于暗处独守一方的沉默寡言的守护神,为像我这般踟蹰于道中迷雾的人们抵御去潜伏的灾祸。我仿若置身于梦境,不愿抽身,却还是手握着被雨水打湿的冰冷的单车车把缓慢穿梭回现实的一角。

同样让我印象深刻的,是泮池草坪。

茵茵绿草上,不知放映过多少人青春的部分图景。虽然我才成为上大学子不及一年,便已经在这片草坪上见证了百团招新的盛景。欢歌笑语,舞姿活力,我踏步在音浪之间,天色渐暗,难掩朵朵夺目笑靥。我震撼,并非被欢快的乐曲震昏了头脑,而是被律动的肆意的开怀的青春所击中,一时间哑口。平日经过这片草坪,总在我耳边回响着的,也正是草坪上时常上演的,那律动的青春的乐曲。

泮池也以其三言两语难以道尽的美直击我的心房。

池水总泛着粼粼波涛。在各色天光下,波光呈现出不同的颜色,跃舞着片片晶莹。而在夜晚,湖水在黑暗中缄默,在路灯的映照下,波光仍旧不忘起舞翩然,招摇着,独显其不羁的活力。

千言万语,唯化作一句"问渠那得清如许,为有源头活水来"。

除此之外,泮池的锦鲤、不畏人的鸽子、慵懒的大鹅,各有各别致的可爱。

校园之中,还尚有更多神秘的角落,等待着我去探索与发掘。

在傍晚时分,有时会偶遇天际明艳动人的霞彩。但真正让我动容的,并非景色本身,而是总有人会于步履匆忙间驻足,自发地记录下这一瞬美丽的风景,而不是畏缩于人前,不敢表露出丝毫自己对于美的热烈的憧憬。

行走于天地间,炽热而浪漫,这也是我所憧憬的青春,或说人生。

我知道,树木层叠或是光影变幻之美并不独属于上大,但有些景,发生在此方天地就是独一无二、不可替代,因为它被赋予了精神寄托的流光溢彩的翅膀,得以乘风凌驾于一般景致之上。

我知道,于茫茫人海中,同样有人会以能发现生活之美的眼睛去欣赏,但并不是说只有独树一帜的才值得被褒扬。我们都是生活的局中人,我赞许的,是生活在上大的人们,同样坚持着的生活态度,与无须欺瞒的、自在直白的生活氛围。

若说我爱的是景,不如说我爱的就是这种氛围。

震撼猛烈而又短暂,那一瞬的感觉总是在一次又一次的回忆与重温中被描摹得愈发不可比拟与浓墨重彩。细水长流却是餐茶饭后、浅笑嫣然,非镜花水月,而你我早已身处镜中,历久弥新,顺其自然,不敢忘却,不愿忘却。

在上大,我正有初遇之时心下悸动的震撼,也正有平复于细水长流的温情。

而景不过是青春上大的冰山一角。

说起青春,景也许是被提及最少的,我们也许会更多地想到人,以及这个人于青春时期就不辍耕耘的事业。初步入上大校园,我能切身感受到学长学姐们热情洋溢的背后律动的青春。融入上大校园,在学习中,我能感受到老师们在课上课后的活力四射;在生活中,我能感受到各种工作人员不论是宿管阿姨还是食堂工作者们的亲切负责与工作激情。律动的青春在此已是超脱了年龄的。怀揣青春之心,在上大,我们从事的都是青春的事业。

在青春之时，我所走过的，处处都是动人的景，而我却常常忽视这些。

于青春之感最薄弱之处，我体会青春之力的磅礴，可以说青春是上大的缩影。

在上大，身处青春，我度过的每分每秒都蕴含着对青春的感受；在上大，身处青春，我的未来有无限的可能。

于是我对"一个人无法同时拥有青春和对青春的感受"的想法而深感歉疚，开始认为在风华正茂之时以此句聊表分别之情也是一种讽刺——若在青春之时就把对青春的感受仅仅曲解为对青春不再的悔不当初与怅然若失，实是过早地舍弃了在青春时期敢爱敢恨、敢拼敢闯的热血，也实是过早地忽视了在青春之时也能够肆意去感受一切的细腻。我更愿称此为一种对现实的逃避。可以说，仰望星空、脚踏实地，我们能同时拥有青春和对青春的感受。

律动青春在上大，至此，正要感谢的，是上大重塑了我对青春的感受。

我的上大生活

社区学院 赖彦峰

当我在八月末第一次踏入上海大学的校园时,我马上就感觉到了这个校园的活力和美丽,给我留下了十分深刻的印象。

提到上大,就不得不说那宏伟且充满美感的图书馆,整个图书馆正面倾斜而上,左上角以一台时钟装饰,警示我们珍视光阴。图书馆内部宽敞明亮,书籍琳琅满目,且排列整齐,各个学科门类的书籍分层设置,大大减少了我们查阅资料的时间。我常常在这里寻找知识的宝藏,尽情沉浸在书海中。每当我翻阅着书籍,思考着其中的内容,

赖彦峰

我感受到知识的力量和智慧的光芒。于我而言,图书馆不仅是为我提供了一个安静思考的空间,更是让我获得了不少知识,助力我扩展自己的视野。

图书馆的西南方向有一处宽阔的草坪,每年的秋天,上大都会在那里举办菊花节,劳累了一天的我喜欢在傍晚于金黄的菊花丛中漫步,我闭上眼睛,仿佛置身于梦幻的花海之中,菊花的芬芳和美丽让人心旷神怡,也散尽了我一天的烦恼与疲惫。离菊花不远处,是鸽子漫步的草坪。无论是在晨曦还是傍晚时分,我总能看到它们在那里自由飞翔,或者在啄食或在踱步。看着它们,我

感到宁静和平和,站在远处静静地观望鸽群的飞翔,是我在上海大学休憩放松的不二选择。

  草坪边上的是一条碧波荡漾的小河,沿岸绿树成荫。我常常在小河边漫步,欣赏着水面上微风拂过的涟漪。有时,我会幻想自己乘着小船在小河上荡漾,感受水的柔软和宁静。小河给了我与大自然亲近的机会,让我在繁忙的学习生活中找到了片刻的宁静。

  横跨在小河之上的是一座小桥,它没有赵州桥那般的雄伟壮观,也没有卢沟桥那般精致如画,它只是默默无闻地横跨在潺潺的小河上,连接起小河的两岸。它如此平凡,但又如此不凡。多少次,我与朋友们一起走在小桥上分享彼此的快乐和烦恼,小桥成了我们友谊的见证;多少次我独自一人站在傍晚的小桥上,静静凝视着如镜的水面,享受着清爽的微风,小桥成了我的避风港,把我与纷杂的世界隔开,还我一片宁静。

  顺流而下,你就能见到我们的教学楼。每每漫步在其中,看着周围络绎不绝的人群,我总能感受到一种特殊的、充满活力的学术氛围。上大教学楼内有着众多的学院和研究机构,学生们随时可以充满激情地投入各种科目的学习。我常常看到同学们在教室里或小组讨论,或复习功课,或与老师激情互动。这种学术氛围激发了我对知识的渴望,让我感受到了上海大学作为知识殿堂的魅力。

  除了学术氛围,上海大学也注重学生的全面发展。图书馆北部,分布着众多的操场与娱乐设施,这极大地方便了同学们运动休闲。不仅如此,校园内设有各种社团和学生组织,给同学们提供了广阔的发展平台。我加入了摄影社团,虽然我只有一台普通的手机,但我仍然热衷于通过摄影记录校园的美丽瞬间。每当我拿起手机捕捉精彩瞬间,我都感到一种成就感和快乐。校园里的活动也丰富多样,每周五学校都会组织各种活动,有大咖演讲、话剧演出、社团联谊等,这些活动让我在学习之余放松身心,结交了很多志同道合的朋友。上海大学的校园生活不仅充满了活力和学术氛围,也散发着浓厚的文化底蕴。

  提到大学怎么能不谈吃的呢,上大有多个食堂,名字也是各有特色。尔美、益新、山明、水秀,初次听闻这些名字我简直目瞪口呆,这真是食堂的名字吗？进入上大食堂，你会被热闹的氛围所吸引。食堂内部简洁而现代化，装饰着明亮的色彩和舒适的座位。大量的餐桌和椅子提供了充足的用餐空间，可容纳数百人同时就餐，各式菜肴更是五花八门，无论哪一款，都能让我尽兴而归。

上海大学的校园生活丰富多彩，充满了美好的回忆。我在这里结识了许多优秀的老师和朋友，他们的教诲和陪伴让我受益匪浅。无论是在课堂上还是在社团活动中，我都不断地学习和成长。上海大学给了我丰富的知识，也培养了我扎实的专业能力和广阔的人文素养。

来到上大不过区区5个月，我仍满怀感激和珍惜。这里的每一天都是我成长的见证，每一个事物都蕴含着深刻的意义，它们与我紧密相连，成为我在上海大学美好时光的见证。我将永远记得在上海大学度过的美好时光，它将伴随我一生。上海大学，谢谢你给予我如此难忘的校园生活！

泮池之恋

管理学院　刘雅茹

蝉鸣的夏季，闲暇夜间我总是爱在泮池边踱步。

晴朗无风处，看水。暖柔色的灯光如金箔般稀稀疏疏洒在池中微微皱起的水面之上，水光潋滟；清冷调的月光如银箔般柔柔弱弱淌在池中静静凝住的波纹之中，静影沉璧。我轻轻呼吸，怕猛烈的气流从胸腔呼出灌进那镜面一般的池水；我轻轻感叹，恐无谓的叹息从水面掠过惊起阵阵不息的层层涟漪。但好像，我的凝神聚气又是那么不足挂齿，它静默着，又像是无情的海。

刘雅茹

寂静风起时，看水。风像一把尖钩，划破了绕着金丝银线的锦缎似的池面，那下面的水便急急涌了起来。一层水浪被掀起，一圈水波被推开，一片水纹被荡漾，它们追逐着，它们消减着，它们最终停下，却又被下一阵风推开。恍若间，我想起了大海。海浪翻滚，奔涌向前，浪花高起，击打礁岸。海上的风更大，所以海浪千层霎时起，气势汹汹，直唬着人闻风丧胆。想象中那一浪一浪高歌前进的海与眼前一波一波荡平的水渐渐重叠，我不禁猜测：难不成，风要把这池水吹往大海？

秋高气爽,雨中漫步泮池旁。

薄薄秋雨天,看水。烟雾蒙蒙,细雨如纱。水面仿佛笼上一层朦胧的轻纱。岸与水的界限模糊了,远远看去,水漫上了岸,岸浸入了水;桥与水的高低分不清了,踏上去,水在脚下,桥在水下。我举着伞,在岸边踱步,听着雨点声,愈来愈急,愈来愈密。滴滴答答,叮叮咚咚,砰砰砰砰……水面薄纱被高速坠落的宛若利箭的雨滴射穿,射碎,射乱,射狂,水好似怒了。一滴雨唤起一处水的蹦跃,一层雨滴引来满池水的沸腾,一阵雨滴奏出与水碰撞的狂乐……雨会停的,正如海上的暴风雨,纵然海燕想"让暴风雨来得更猛烈些",但海上终有风住雨停时。雨声渐息,平静透亮的雨后之水与平静的大海如出一辙。

走向泮池,我不禁联想到海。风静时的大海缩小了便是泮池,一样的水面,一样的沉默,又一样的无情。泮池的水波放大了便是海浪,一样会高叠,一样会汹涌,又一样会消减。泮池中的水在小小的一方天地中接受风的磨炼、雨的敲打,它们学会了起浪,学会了蹦跃,所以它们流向大海时便有了激荡水花之力,有了可聚惊涛骇浪之势。

细雪点点,目及之处便是泮池。

萧瑟冬雪日,看水。北方的雪"地白风色寒,雪花大如手"。你抬头望去,万千各不相同的雪片扑面而来,密密麻麻的白仿佛要压倒你,压垮你。但它们落在身上又是那般轻软,毫无分量。如若闭上眼,只有耳边凛冽的寒风,只觉湿寒的雪片擦过脸颊;睁开眼,却是铺天盖地的白茫茫一片笼罩着你。

而上海的雪,却细细蒙蒙,毫无威慑力。落入泮池中,顷刻便悄无声息。它们来过了吗?我盯着那不起波澜的水静静思索。若是家乡的鹅毛大雪能在冬日穿越千里,突然飘舞在泮池的上空……它们争先恐后地扎入池中,化入池中,池面会慢慢变冷,直到冷风能让它开出冰花,直到雪片厚厚掩盖住冰花。镜面一般的池水盖上了厚厚的雪被,桥上是一片雾霭色混着雪白,岸边是一片青砖色和着雪白,周遭是一处处杂色掺着雪白……白茫茫一片的纯色在自然界存在,但在泮池,不存在!

因何?

泮池周遭是许许多多年轻、富有朝气的面孔。他们或许会赏着景,揩去岸边围栏上的雪；他们或许会踏着桥，踢踢着扫走路上的雪；他们或许会骑着车，碾过一寸一寸的雪。他们衣着各异，面容各异，却是为泮池增添多彩。

那天吵架的情侣会来看雪吗？

两人面红耳赤的模样会被茫茫大雪遮挡，看见的或许只有模模糊糊的心上人的脸庞。这时，谁还能吵起来？谁会在"未若柳絮迎风起"的雪中急于争辩，谁会在"此生也算共白头"的雪中忘记相拥……

那对闲暇游耍的爷孙会来看雪吗？

孩子会穿得像个圆鼓鼓的小球，手里举着爷爷给他买的小铲子，"吭哧吭哧"学着哥哥姐姐铲雪，或许他一直想堆个雪人……

那个喜欢散步的"吟游诗人"会来看雪吗？

铃声一响，待他停下那异彩纷呈的讲解，停下那抛砖引玉的问答，便急匆匆地来了。他绕着泮池左右踱步，时而抬头思索，又低头吟诵"忽如一夜春风来，千树万树梨花开"，时而故作高深，又笑脸低语"初疑天女下散花，复恐麻姑行掷米"，时而兴致高昂，又轻轻一叹"白雪却嫌春色晚，故穿庭树作飞花"。末了，他情得意满，大踏步离去……

我出神地想着，那雪却停了。

万千思绪顷刻化为乌有，眼底想象霎时坠入虚空。"不过是想象罢了"，我自轻叹。实际上，我不过只窥得两三片雪，只赖得四五时刻，只遇见七八同伴，何来九十分之一的可能呢？

周遭又空了。

但我知道，雪虽停了，人流不会停。千千万万的学子乘着西北夹杂狼烟的风，乘着江南绵绵不尽的雨，乘着北国悠悠不绝的雪汇聚于泮池。我们享受着一路疲惫的褪去，我们赞叹着泮池天地的意趣，我们同泮池中的水融合、凝聚。之后呢，风来了，雨来了，雪来了，我们翻腾起雾，我们蹦跃成浪，我们蓄力飞扬，我们在泮池中不断磨砺成长。四年匆匆，我们终将从泮池里奔向更广阔的海洋，到那时我们便可"浪遏飞舟"！

我现在是泮池的一滴水，我将来会是大海的一汪洋。

我永远是上大人！

炙热的青春，遇见了上大

社区学院　秦波琪

相遇，是一种浪漫。遇见上大，从此，我的梦想便在这里生根，发芽，开花，结果。

——题记

秦波琪

笔下的文字写不尽青春的美好，我和上大的故事在绿叶中展开，恰逢其时的光阴和惬意和煦的天气，以及刚刚步入上大的我们。时间很短，遇见上大还不足5个月，但我们的故事却很长。在这里我播种了梦想，收获了美景，感受到了浓浓的学习氛围，体会到了老师们的关心和慰问，得到了学长学姐热心的帮助，结交到了知心朋友，提高了各项技能……一切的美好，都在上大不期而遇。

图说上大

遇见上大，我的眼里多了许多不同的美景。

每天清晨，我们路过泮池去上课，平静清澈的湖面往我的身体里注入宁静与真诚,助我以饱满的精神开启一天的学习生活。一天的课程下来,前一秒身心俱疲,后一秒踏出教学楼,抬头望向天空,我大为震撼。落日、晚霞、柳树、池中倒影,泛起涟漪的波纹,它们融为了一体。此时恰好有一架飞机从夕阳前缓缓经过,一派胜景驱散了我身心的疲惫。我拿出手机,咔嚓一声,永远定格在最美的一瞬间。从此,我的眼里多了一幅泮池夕阳图。从社区学院出来,走上天桥,我再一次感叹,成片的火烧云,与新世纪宿舍区的颜色搭配在一起,别有一番风味,所以我的眼里又添加了一幅天桥晚霞图。

  丰收的秋季,我与上大菊花节不期而遇。走在校园里,菊花的飘香吸引了我,在不知不觉中,我走到了举办菊花展的草坪。五彩缤纷的菊花昭示着上大的生活多姿多彩,红艳似火的菊花暗示着我们炙热的青春将被上大记录,兔子形状的菊花堆传达着童真和乐趣……逛完菊花展,一幅幅草坪菊花图又印刻在了我的脑海。

  周末,沐浴着阳光,去草坪散散步吧。这里,有野餐的人家,有喂鸽的小娃,有观鱼的孩童……处处洋溢着欢声笑语,彰显着朝气与活力,一切都那么美好,那么温馨。一下子,我被拉回了童年,和爸爸妈妈一起,手牵手,在公园里畅快地玩耍。上大梦的种子从此便埋种在了那些在上大嬉戏游玩的小朋友的心中,慢慢生根发芽,而我的心中多了一幅亲子郊游图。

  深秋,坐在教室里听着老师声情并茂地讲课。快要被困意笼罩的我不经意间抬头,余光看见了窗外随风摇曳的枫叶。枫叶那么红,落日那么红,我的心情顿时舒畅,瞬间抖擞了精神。从此,我的眼里又添了一幅窗外枫叶图。

温情上大

  遇见上大,我的心里涌动着许多温馨。

  从家乡出发,来到远隔千里的陌生城市,我的心里不乏充满忐忑。和爸爸刚下火车,几米外举着上海大学牌子的"红马甲"便向我们招手,帮我们搬运行李,为我们指引道路。一路上,他们耐心地给我讲述上大各处地标的分布情况。学姐学长们真诚的笑容,让我心生感触——这里是温馨的上海,这里有暖心的上大。

后来，这种感触被逐渐放大。辅导员就像一位大姐姐，细心又耐心地和我们谈话，为我们的小情绪提供了一个释放的窗口。第一次和辅导员面对面谈话，是在我提交班委竞选申请表之时，她满脸笑容地了解我的家乡、家庭、高中生活、对大学的适应情况以及未来分流的打算。后来我当了团支书，去辅导员办公室值班，和辅导员们的交流多了起来，渐渐发觉原来他们是如此的忙碌，但是无论多忙，辅导员每天依旧约谈两位同学，提前了解他们的情况。虽是不同的聊天内容，但展现出同样的关怀慰问。

在上大，我找到了志同道合的朋友。缘分真的很奇妙，我们不是同班，也不是同乡，但却因为健美操运动走到了一起，为了共同的梦想而战斗。

"你以后要考研吗？""我其实想保研。""我也是！"

"你空闲的时候爱去哪里呢？""图书馆。""我也是！"

"你有什么爱好呢？""我平时喜欢追追剧，刷刷视频。""哇，我们连兴趣爱好也相同。"

更不必说节俭的生活习惯，乐观爱笑的性格，散步观景的日常……从此，形单影只的身影，变成了形影不离的两人。我们一起吃饭，一起学习，一起旅行，一起参加公益志愿活动。谈天说地少不了我们，欢声笑语亦少不了我们。从前不敢奢望的友谊，在上大悄然发生了。感激妙不可言的缘分，感谢上大。

励学上大

遇见上大，我感受到了浓浓的学习氛围。

第一节课，七点半抵达教室。推开门，我不由得挑了一下眉。前两排几乎座无虚席，不由感叹大家学习热情高涨，我心里那股学习劲头也被他们调动了出来。接下来的通识课，老师课上询问的问题，我还在思考中，有的同学便已经脱口而出了。小组展示中，有话剧表演，有采访专辑，有二胡表演，多样的形式又给学习增添了无限乐趣。上大，带我见证了大学课堂的活跃。

三学期制是上大崭新而独特的名片。它增加了学习的紧凑感以及计划的可实施性。逐渐地,我似乎找回了高考前的状态,预习,复习,做笔记……三学期制的驱动下,我的每一天都很充实。被满足感裹挟,我的未来似乎一片光明。偶尔学累了,便抬头看看周围的人,他们仍然在埋头,没错,在上大,无时不刻都有人和你并肩作战,你并不是一个人。

上大,为我们提供了多样的自习空间,我们自主学习的机会更为广泛。宏伟的本部图书馆、摩登的钱伟长图书馆、24小时自习室、南区学习室、爱心屋……我们不再为空间所困,我们可以根据个性选择学习的场地。遇见上大,我们的自律性逐步提高,学习主动性得到了迸发。

秋季考试周,学习氛围自然更甚。早上,大家行色匆匆地赶往图书馆。晚上,大家结伴归来。打印店门口排起了长长的队伍,图书馆里一座难求,草坪的琅琅书声传进我的耳里……大家都是那么的努力,我想,我们一定会不负众望,为上大增光添彩。

从相遇到成长

遇见上大,我的生活在一点点地增添色彩,我的实践经历也在不断地丰富。

上大,一所富有爱心的大学,与我助人的想法不谋而合。因为上大,我与许多公益志愿活动成功握手。做秋季招聘会志愿者时,我体会到了就业竞争的激烈;做鲁迅故居志愿者时,我有幸把鲁迅讲给你听,进一步走近了鲁迅先生;做第十人民医院志愿者时,我帮助爷爷奶奶使用自助机,解他们燃眉之急,引发我对老人与智能时代的思考;做滨江森林公园健康跑志愿者时,我感受到了运动之美、阳光之媚……志愿活动,丰富了我的大学生活;助人为乐,增加了我的满足感。公益志愿这条路,我会一直走到底,与上大同行。

进入上大的5个月以来,我担任了团支书一职,组织领导力得到了极大的提升。感谢同学们的信任,感谢大家的积极配合,感恩上大提供的平台。因为上大,我变得更加自信了,上台展示不再怯场,与人交流不再扭捏,落落大方成为我新的名片。

18岁的我,在最好的年纪遇到了最美的上大,我骄傲,我自豪。希望在这炙热的青春里,可以与上大携手同行。让我们一起追随光,靠近光,散发光,成为光。

遇见上大,我的青春遍地开花。

我眼中的上大

社区学院 项亚伦

项亚伦

上海大学,坐落在百年历史积淀的上海,承载着丰厚的红色校史。校园内的纪念馆,陈列着革命先烈的事迹和历史文物,让我深切感受到母校的光荣历史。母校的发展也让我感到无比自豪,从创办之初的艰苦奋斗到如今的国际化办学,上大一路走来,取得了骄人的成绩。这种发展壮大的势头,不仅是对过去的致敬,更是对未来的期许,让我深刻理解到"新征程,再出发"所蕴含的深刻内涵。红色校史承载着一段段峥嵘岁月,我仿佛听见了先辈们的呐喊声,作为新时代学子的我们,承继着这份责任和使命。

上大精神是我在母校的学习生活中的动力之源。这是一种勇于追求卓越、积极进取的精神,在学科研究、学术争鸣中得到了彰显。上海大学的红色校史是我们学子们心中永远的底色,这片土地见证了一代代上大人的奋斗和付出。每当我走进校园,我都能感受到那种激昂奋进的气息。在这里,我们不仅学习着优秀的传统,更继承了那份追求真理、追求卓越的理念。上大精神激励着我们,让我们在学术道路上勇往直前。我深深地感受到了这种精神在整个校园中的传承和延续,它激励着我不断超越自我,追求更高的学术成就。

在学校的学习和生活中,我目睹了上大变化和繁荣。教学楼的新修、实验室的升级以及各类创新项目的推进,这一切都让我深感学校的蓬勃发展。而与此同时,师生之间的情谊也日益深厚。每一位教师都以学者风范和治学精神树立了良好的榜样,他们不仅在知识和智慧上给予我们指导,更在生活中给予我们关怀和支持。师生之间的亲密关系,让我深深地感受到了真挚的情感。

在上大求学期间,我结识了许多优秀的老师,他们以学者风范和治学精神影响着我。在课堂上,他们严谨的治学态度和富有激情的讲解让我受益匪浅。更重要的是,在课堂之外,他们亦是我们的引路人和朋友。他们不仅教会我们专业知识,更教会我们做人做事的态度和价值观。他们的言传身教,让我深受启发,让我明白到学术的道路上需要持之以恒的努力和不断的探索。如我的微积分老师吕薇老师,她上课认真负责,每节课课堂上都是写了整整几面的板书,对一些难题的讲解也十分的到位。她了解到同学们正集体复习备考时,更是主动提出要为我们整理这学期的知识点与一些经验性的解题技巧,让我们倍感温暖。

在上大的求学过程中,我也结识了许多出色的伙伴。在研修学业的过程中,我们相互帮助,共同进步。在团队实践中,我们一起思考问题,解决挑战。这些珍贵的经历让我们在学术上、人际关系上都得到了极大的提升。我们共同经历了一段段难忘的时光,在交流与合作中建立了深厚的友谊。在这里,我经历了许多难忘的瞬间,无论是一起通宵备战期末考试,还是一起挑战各种社团活动,我们都在这个团结的集体中收获了友谊和成长。这些难忘的记忆,成为我人生中最美好的点滴,也让我深刻领悟到"共青春,擘未来"所蕴含的力量。我们相互鼓励、相互陪伴,一起成长,留下了一串串美好的回忆。

除了学习,上大的校园生活也让我感到无比充实。课外活动和社会实践成了我大学生活中丰富多彩的一部分。每一次的社团活动,都是我与伙伴们一起奋斗、一起努力的见证;每一次的社会实践,都是我与社会接轨、增长见识的机会。同时,校园内的美丽景色也让我留恋不已,樱花盛开的春日、银装素裹的冬季,每一个角落都充满着青春的活力和朝气。

上海大学,是我人生中重要的一站,这里有着浓厚的母校情怀、优秀的老师教诲、难忘的同学情谊和丰富多彩的校园生活。在这里,我收获了知识,更收获了成长和温暖。新征程,再出发,正是母校培养了我们这一代年轻人,让我们共同擘画未来的美好蓝图。愿上海大学越办越好,愿我们的青春在这里绽放,愿我们永远怀念这段美好的时光。

共青春之征程，擘未来之上大

社区学院　徐磊

"以青春之我，创建青春之家庭，青春之国家，青春之民族，青春之人类，青春之地球，青春之宇宙，资以乐其无涯之生。"李大钊先生如是说。

作为中国共产党创办的第一所正规大学，作为一所有着百年历史的红色学府，上海大学正是由无数青春之我创建而成的。岁月不居，时节如流，转眼间百年已逝。回首过去，我们看到了老上海大学的光辉岁月；眺望未来，我们也看到了新上海大学的崭新篇章。当年在上海大学意气风发的青年已然走去，而我们作为新一代的上大人，正接

徐磊

过前辈手中的接力棒，以青春之我，共同踏上青春之征程，一起擘画未来之上大。

漫步在上海大学的大道上，我静静地品味校园中每一处风景。

行至溯园，我停下了脚步。这是为纪念老上海大学而建，撷"溯源"之谐音，取其追根溯源之意，寓意追溯传承前代之办学理念与精神。其旁边便是近些年复建的老上海大学校舍，虽是新建，却仍然保留了旧日的情意。过去与未来交错，老上海大学与新上海大学连接，刹那，无数百年前的影像在我的脑海闪过。

建校时期，青云发轫；奠基时期，育才造士。遥想当年，上海大学"文有上大，武有黄埔""北有五四时期的北大，南有五卅时期的上大"的盛誉，正是由无数英才合力争得的。于右任老先生担任上海大学校长，带领上海大学稳步发展；邓中夏出任上海大学总务长、教授，统筹上海大学各类事务；瞿秋白担任上海大学社会学系主任、教授，培养出了大量为中国革命作出巨大贡献的人才……

1925年5月，上海大学师生在南京路参加反帝示威游行，自发组成38个演讲团开展演讲；1927年4月，上海大学师生参加上海总工会召开的10万群众大会，控诉反动派屠杀革命者的罪行。虽然老上海大学被国民党反动派强行封闭，但上海大学的红色基因并未丢失，而是在一代又一代的师生中得到了传承，成为新上海大学最厚重的底色。

再造时期，弦歌不辍；复兴时期，跨越发展；赶超时期，争创一流。"桐花万里丹山路，雏凤清于老凤声。"老上大基因在上海大学复建后得到传承，同时也在新一辈的上大人的身上得到了体现。创新石墨烯技术，攻克规模化难题，吴明红团队深耕二十余年；勇担攻关使命，推动环保发展，李莉团队为国家大气污染防治踔厉奋进。她们继承了老上海大学敢于攀登科技高峰的优良传统，为国家的科技创新和社会的持续发展作出了重要贡献。

老上大基因不仅仅是不畏艰险、献身革命的红色基因，更是排除万难、奉献国家的红色基因。在那个战火纷飞的年代，老一辈上大人传承着革命的火种，以自己的方式，为民族的解放而献身；在这个河清海晏的时代，新一代上大人怀揣着青春的信念，以自己的方式，为国家的未来而努力。无论是昔日的辉煌，还是今日的进步，都离不开上海大学师生的共同努力和付出。老上海大学与新上海大学，前后经历了一百多年的变迁，变的是时间、地点、人物，不变的是风起云涌、鹤鸣九皋、薪火相传、继往开来的精神。

思绪回到现在，我继续向前走着，互相连接的教学楼群进入我的视野。这种名为"鱼脊背"的设计理念出自钱伟长老校长。作为上海大学的首任校长，钱伟长亲自参与校内教学楼的设计，明确表示希望上海大学作为一所综合性大学，能做到文理相通、文史理工相互渗透。钱伟长老校长年轻时曾弃文从理,文理相通的他通过自己的不懈努力,成为著名的物理学、应用数学家和教育家。如今,钱伟长老校长将文理相通的理念寄予我们新一代的上大人,而我们也将始终秉持着这样的理念,争创辉煌。

昔日,钱伟长老校长在书桌之前,为新上大的布局绘制蓝图;今天,我们在青春的征程之上,为上大擘画未来。

往东望去,便是东区最为显眼的钱伟长雕像。雕像将老校长的和蔼表现得淋漓尽致。其背后便是钱伟长图书馆,被亲切地称为"钱图"。"钱图"为前途铺路,前途在"钱图"之中。钱伟长图书馆内的上海大学校史馆,以"溯源上大""立足上海""新的历程""争创一流"四部分为主题,集中展现上海大学的发展变化、丰硕成果、著名人物和文明校园。这里埋藏着老上海大学的一段段历史,同时也诞生着新上海大学的一个个未来。

返程途中,我在泮池旁停下。"泮池"一词取自天下孔庙都有名为"泮池"的池塘,出自钱伟长老校长之手。泮池之水,蜿蜒连绵,环绕着整座上海大学校园,为上海大学增添了无限生机。时光在沉静的池水和簌簌的树叶间流过,既有晨读琅琅,也有课间匆匆,泮池见证了上海大学的无数个清晨与黄昏,泮池之水从过去流向未来,书写着一代又一代上大人的青春故事。

百年风雨兼程,上大风华正茂。作为新一代的上大人,我们将为上海大学的辉煌发展而接续奋斗,也将为国家的繁荣进步而不断努力,接过前辈手中的接力棒,以青春之我,共同踏上青春之征程,一起擘画未来之上大。

青春序章：在上海大学的梦与行

中欧工程技术学院　许新承

在历史的长河中，每所学府都是一颗璀璨的星辰，在知识的天空中闪耀。上海大学，这片星空中的耀眼明星，以其深厚的历史底蕴和不断的创新精神，照亮了追求知识的道路。"桃李不言，下自成蹊"，它以其独特的魅力吸引着无数寻梦的学子。我的青春之旅，就是在上海大学这片充满智慧和梦想的海洋中扬帆启航的。踏足这片充满红色历史的土地，我深深体会到钱伟长老校长那"自强不息""先天下之忧而忧，后天下之乐而乐"教诲中的精神力量。对母校的深情和感激之情，早已在我心中深深扎根，站在人生的新起点上，我期待通过这篇文章，既缅怀过去，也展望未来，开启新的征程，再次出发，共同书写更加辉煌的青春故事。

许新承

当我第一次踏入上海大学的校园，便被其深厚的历史气息和现代化的校园风貌所吸引。学校里的每一栋建筑、每一片绿地都仿佛在诉说着一个个历史故事。泮池的水面倒映着悠久的历史，钱伟长图书馆见证着知识的传承，而溯园则像是一处隐秘的乐园，为在繁忙学习中的学子提供了一片宁静。

在深入探索上海大学辉煌历史的过程中，我对"上大精神"这一独特文化遗产充满了敬仰。它不仅仅是校园文化的象征,更是深植于每一位上大人心中的精神道标。我认为,其本质正如古诗所言,"不畏浮云遮望眼,自缘身在最高层",象征着面对困难的坚毅和追求卓越的意志。这种精神在上海大学的历史沃土中生根发芽,在风云变幻的时代中展现了"志在千里,砥行致远"的追求。上海大学的历史,是从1922年10月23日开始的,作为中国共产党创办的第一所正规大学,它在革命激流中脱颖而出,吸引了众多热血青年,学校历经艰难办学,培养了大批杰出人才,赢得了"文有上大,武有黄埔"等美誉。20世纪20年代的上海大学,以"养成建国人才,促进文化事业"的办学宗旨,培养出了杨尚昆、王稼祥、秦邦宪等一批杰出人才。1994年5月,新的上海大学由多所重要学院合并组建。在此期间,著名科学家、教育家钱伟长教授担任校长,为学校的发展奠定了坚实基础。在这片充满历史与现代交织的校园里,我深刻感受到了"厚德载物,自强不息"精神的力量。每一位学子都被赋予了"勇攀科学高峰,追求真理之光"的使命,激励着我们不断前行,创造属于自己的辉煌篇章。上海大学,这条跨越时空的巨龙,展示了非凡的变迁与成长,成为我们心中永远的骄傲。

在这青春的序章里,上海大学的每一角落都记录着师生间的深情厚谊。正如古人所言,"师者,所以传道授业解惑也",我们的辅导员刘婷老师,无声地在我们的成长之路上播种智慧的种子,她总是耐心地处理我们的各种事务,春风化雨,润物细无声,为我们的成长提供了坚实的后盾。专业课杜金鑫老师、杜水森老师、陈伦德老师,他们的教诲如同"授人以渔",不仅传授知识,更引导我们学会思考与探索,每一次深入浅出的讲解,都是他们用心良苦的传道授业。教我们法语的刘芳菲老师,她不仅是语言的传授者,更是文化的桥梁,她教会我们"外学须先立志",在学习法语的过程中,不仅学到了一门语言,更开拓了我们的国际视野,让我们在文化的碰撞中感悟世界的广阔。我们对这些恩师的感激之情,如同滴水之恩,涌泉相报。正是他们的辛勤培育,让我们在青春的征途上充满力量与希望。他们不仅是知识的传递者,更是人生导师,教会我们在风雨的人生路上怎样坚韧不拔,如何在追梦的道路上勇往直前。在未来的日子里,无论我们身处何方,这份珍贵的师生情谊都将是我们心中最美好的回忆,永远照亮我们前行的道路。

在青春的舞台上,我们在上海大学参与的课外活动和社会实践经历犹如五彩斑斓的画卷,丰富多彩。冬日的寒假,我们回到母校开展社会实践,体验了"学以致用"的真谛。志愿者活动像是点缀生活的明珠,让我们在"助人为乐"的过程中收获了满满的幸福感和成就感。我们参加社团的"百团大战",在"前程似锦"的舞台中尽情挥洒热情,在社团活动中锻炼了自己,无论是领导能力还是团队协作,都有了质的飞跃。班级活动和学生会活动则更像是在"砥砺前行"过程中自我实践,让我们在策划与执行中学会了"随机应变",在困难面前展现"不屈不挠"的精神。每一次的参与和挑战,都是我们青春路上不可或缺的一部分。这些宝贵的经历,不仅充实了我们的知识,更丰富了我们的人生经历,成为我们青春记忆中最宝贵的财富。

面对当下,上海大学站在新的历史节点上。在科技迅猛发展的今天,学校面临着前所未有的挑战与机遇。信息化浪潮和全球化趋势对高等教育提出了新的要求,学校必须在维护传统优势的同时,勇于创新和变革,以适应这个时代的需求。同时,随着社会对高素质人才的需求日益增长,学校肩负着培养更多具有国际视野和创新能力的学生的重任。展望未来,上海大学将继续秉承"严谨、勤奋、求实、创新"的学风和"自强不息,道济天下"的校训,努力成为学术研究和文化创新的高地。我们期待它在新时代的洪流中,能够继续引领潮流,不仅在学术上取得更多突破,更在培养全面发展的学生方面走在前列。我们坚信,上海大学的未来将如诗所言:"春风得意马蹄疾,一日看尽长安花",在青春的序章中,书写出更加辉煌的篇章。

"少年智则国智,少年富则国富,少年强则国强",我们身负青春之名,更承载时代之责。站在人生的十字路口,我们不仅要铭记过去,更要展望未来。让我们以"青春不负韶华,奋斗不负韶华"的信念,积极面对未来的每一个挑战和机遇。让青春的火焰,在上大的土地上燃烧得更加炽热,照亮我们的梦与行,愿我们每一位上大学子,都能在青春的征途上,扬起理想的风帆,乘风破浪,驶向更加广阔的未来。

奔赴炽热的恒星

社区学院　俞畅

你是炽热的恒星,而我向你奔赴而来。

——题记

迎着盛夏明媚的晴空,耳边聆听着蝉鸣,我与上大从一个如旗帜般燃烧的夏天开始有了交集。我站在上大的校门前设想过去又幻想未来,恍惚间高考的紧张与惶恐仍浮现在眼前,回忆与当下都重叠在故事的最后一页,此刻心中也怀揣着对大学生活的憧憬,过去和未来在今天随意交叉。

俞畅

翻开历史的扉页,越过漫漫历史长河,今天的上海大学不仅赓续百年上大的红色基因,传承着先辈的革命精神,同时也展现出上大人秉承"自强不息,道济天下"校训的精神风貌。一代人有一代人的使命与担当,一代人有一代人的火与光。上大仿佛是宇宙中的一颗恒星,一直发光发热,前辈的精神映照出永恒的理想之光,释放于大地长天、远山沧海,照亮并指引后辈前行的道路,不计其数的上大学子朝着炽热的恒星奔赴而来。上大学子从先辈手中接过重任。有英雄先烈的精神支撑,有心向未来的远大志向,作为上大学子的我们必将传承先辈的革命精神,把先辈们开创的事业不断推向前进,不断创造新的历史伟业,循着前方的那束光,更好地培育和践行社会主义核心价值观。

宛如一颗恒星的上大不仅照亮着被其庇护的上大学子,作为一所开放、创新的大学,上大为学子提供了广阔的发展空间以及更加自由的课程模式。记得通识课的一位老师以亲身经历教导我们在重视自己的学业的同时,要建立人生的大局观,不要被学业的压力所打败,不能对困难低下头。他说,生命这卷书,落款应是亭亭常青树,热情、鲜活的青年不应该只局限于学习。是的,生活的悲欢离合远在地平线之外,而眺望是独属于青春的一种姿态,我相信青春的力量所向无敌。与其寻找意义,不如感受意义,未来有无数的未知在前方等待着我们。真正的强大不是与之对抗,而是以一种平和的心态允许一切的发生,允许结局有遗憾,允许付出却没有回报。当你允许这一切后,你会逐渐变成一个大气豁达的人,一个通透的人,一个尽享人生乐趣的人。

上大散发着遥遥光亮,盛开在黎明,撕开了云层的灰色,而我向这一炽热的恒星奔赴而来。人生亦应找到独属于自己的炽热恒星,坚定自信地经历挫折。正如哲学家加缪所言:"每个冬天的句号,都是春暖花开。"在坎坷不平的人生道路上,难免会有沮丧、怀疑自我的时候,但寒冬再凛冽,也终有春暖花开之时。

白鸽为引,相期青云

社区学院　庄晏祯

庄晏祯

在 2023 年夏末的蝉鸣声中,阳光透过翠绿葱茏的树冠,将热浪与金光斑驳地洒落路面。我就在这样的道路上,戴上了这枚宛如白玉兰盘踞青云上的校徽,踏入了上海大学的校园,目睹了图书馆前草坪上,只只白鸽纷纷展翅凌空,掠过波光粼粼的泮池水面,直上九天青云。

而"青云",也正是百年前,1922 年的春天,由中国共产党创办的上海大学所落成的路名。虽然这所老上海大学只存在了短短几个年头,这青云路上的破旧校舍却凭借自己闪闪发亮的精神吸引了一大批仁人志士相聚在此,在光荣灿烂的革命道路上留下留下浓墨重彩的一笔。

不久,从上大走出了翻译了中国第一本《共产党宣言》的陈望道,走出了"清操厉冰雪,赤手捕长蛇"的邓中夏,走出了无数为革命事业奋斗不息,砥砺前行的仁人志士,"武有黄埔,文有上大"的美名传遍五湖四海。

1924 年 10 月 10 日,上海各界人士在天后宫举行纪念双十节的国民大会,一批上海大学学生也赴会参与宣传反帝反军阀主张。这场会议实质由国民党右派掌权,面对与会代表提出打倒帝国主义和封建军阀的口号,毫无人道的国民党右派竟雇佣流氓殴打台上台下的学生。混乱中,上海大学社会学系学生黄仁不幸遇害,成为上海大学为革命献身的第一位烈士。黄仁惨案固然激起了上海各界人士的公愤,陈独秀、恽代英、邓中夏等纷纷发文谴责国民党右派令人发指的行为;瞿秋白奉中共中央的指示组织行动委员会,号召人民群众共同反对国民党右派的恶劣暴行。

北有五四时期的北大,南有五卅时期的上大。在五卅运动中,上海大学的师生前仆后继,冲锋陷阵,风雨同舟,济世匡时。他们相期在这名为青云的路上,在心中象征和平与正义的白鸽的指引下,用自身的奋斗抵达、创造了理想与信仰的青云。

新学期开学不久后,四一二反革命政变爆发,上海大学被帝国主义和国民党反动派污蔑为"赤色大本营,是煽动工潮、破坏社会秩序的指挥机关"被迫查封,但"上海大学"这个响亮的名字并未就此消失,半个世纪之后,和平的白鸽翱翔于这方天空之上,崭新的上海大学脱胎换骨,在党和政府的领导下重获新生。

而我踏入的,正是这所崭新的上海大学。百年后的上海大学,那"自强不息,道济天下"的校训,"知行合一,追求卓越"的校风,"先天下之忧而忧,后天下之乐而乐"的价值追求,无不证明着它百年来的信仰与热血始终如一,心有猛虎,细嗅蔷薇,与时俱进,丹心不改。

溯园金石镂刻的那些光辉岁月已经在青云那头远去,而泮池畔的白鸽却承载着崭新的时代和崭新的愿景自由翱翔。

在满怀憧憬地踏入了这座云树挺拔、整洁向上的校园的前三个月里,我还略显懵懂迷茫,甚至在期中微积分的测验中斩获了十七分的"佳绩"。然而我并未意识到,自己正潜移默化地受到这所有着良久历史沉淀的学校的感化,无论是细心体贴的辅导员,在黑板前笔走龙蛇的老师,还是身边共勉进步的同学们,都在有形或无形中鼓励我踏实地大步向前。无数个挑灯而战的夜晚,无数个被细雨和晨曦润湿的清晨……我的眼神更加清澈,我的步伐越加坚定。我不但在秋季的期末获得了令自己惊讶的好成绩,更获得了一群志同道合的伙伴,明确了自己前进的方向和目的。在溯园一侧,为老上海大学的纪念建筑静静矗立,而上大的精神也从未远去,它在一代代上大学子身上薪火相传,它在一滴滴时光中变化发展,它在一颗颗炽热心里愈显鲜活。

我们正处于这百年之未有大变局,看似风平浪静的世界表面下云波诡谲,暗流汹涌。上大的精神在永葆初心的前提下,被赋予了新的时代意义。如今,面对某些国家对我国恶意的贬低与抨击,我们需要做出有力的回应与反击;面对在芯片等高科技高精度领域的卡脖子问题,我们要努力走出一条自主创新之路;面对世界多极化与全球化背景下的各种机遇和挑战,我们应当展现出大国的风采,向世界贡献中国方案与中国智慧。而这一切,都要依靠我们青年一代。青霄有路终须到,佩戴着校徽的我们必定努力将自己培育成强国济世的人才,在各自的专业领域发光发热,完成我们的个人理想,促进社会文明进步,助力中华民族的伟大复兴。

让我们约定,在泮池畔白鸽的振翅声中,与英勇的革命先烈们,与苦读的同窗好友们,于青云之上重逢。

白鸽为引,相期青云。

第五章 同学少年

同舟共济,少年豪情

机电工程与自动化学院　王佳拓

2023年10月15日,2023中国机器人大赛暨ROBOCUP机器人世界杯中国赛正式结束,那群带着行李和装备离开晋江的少年们正走向属于他们的未来……

他们是谁?他们是来自上海大学自强队家庭组的七位少年,他们勇敢、坚毅、团结、永不言弃!在赛前,这群少年如同火炬般燃烧着激情,不分昼夜地备赛;在赛场上,他们默契配合紧密协作,展现出耀眼光芒。他们把胜利和荣誉装进行李,留下了团队间深刻的默契和浓厚的情感。这群少年们,正如同一支无畏的舰队,继续前行,劈波斩浪。

王佳拓

合力同舟,友情相守

在浩瀚的宇宙里,人与人之间并不是一座座孤岛,虽然人渺小如尘,但古人云"众人拾柴火焰高",当他们开始相互交流、合作,他们终将在这片土地上创建属于他们共同的天地。

他们的初识是在上海大学机自大楼的一间专属于自强队的实验室中,他们也没想到,最初的地方最终会成为他们的又一个"家"。那是新一届家庭组成员的招新,无数陌生的面孔汇聚在一起,大家都充满了期待和好奇。本次招新活动是由上一届参赛的学长学姐们主持的,他们热情地分享着分享家庭组的理念以及参赛感想,让大家感受到这个群体的温暖与活力。起初有许多人都带着热忱来到这里,大家各自忙碌着,观察着。或许在那时,他们七人就已经因为一次狭路相逢,因为偶尔的一次互动、一个微笑而彼此吸引,最终他们相互选择,构成了新一届的家庭组。

团队成员的初选工作完成后,一个个年轻的面孔从参赛名单上浮现。这群来自不同专业、背景各异的少年们汇聚在一起,带着对机器人技术的热爱和追求团队荣誉的决心,开启了一段挑战之旅,尽管这个过程充满荆棘坎坷,但他们始终共同面对,不离不弃。在几乎没有培训,没有过多的指导的基础上,他们需要面对的是考试周与提前"降临"的比赛日程的冲突。在此等压力下,他们需要在短时间内掌握 ROS 的通信机制、目标检测算法、机械臂运用等多维难题,需要根据比赛任务实现复杂的机器人控制。这段日子,实验室成了这群少年们的"家"。每一天,他们都在这个说大不大的空间里,投入着对机器人技术的探讨和实践。电脑的屏幕上是密密麻麻的代码,工作台上是各式各样的传感器和零件,而实验室的空气弥漫着紧张和努力的氛围。

在每一次备赛的过程中,他们难道没有想过放弃吗?那是不可能的,他们常常把"算了吧"挂在嘴边,但依旧在努力地一起寻找解决办法。面对备赛过程中的压力和困难,团队成员之间的相互鼓励成了一种常态。当一个成员陷入疲惫时,团队中的其他人会给予肯定的微笑和鼓励的话语。"能行,相信你"渐渐代替了"算了吧"成为实验室里最常见的话语。这种相互扶持,使得整个团队始终保持着昂扬的斗志。渐渐地,他们形成了一种默契。彼此间不言而喻的眼神,互相间的默契配合,使得整个团队就像一台紧密运转的机器。每个成员都清楚自己在这个团队中扮演的角色,通过默契的协作迅速解决技术难题,不断进步。

果敢选择，热血拼搏

  这群来自上大的少年，无时无刻不在践行着上大"自强不息"的校训，顶着"自强队"的头衔，带着"家庭组"的期望，他们在赛场上无所畏惧，勇往直前。

  在备赛的紧张氛围中，他们终于迎来了激动人心的正式比赛。然而，就在他们期待的光芒中，赛场上却迎来了一系列出乎意料的挑战，如同暴风雨中的不期而遇。尽管他们在赛前做了很多的努力，但因为没有过多的比赛经验，他们在赛前调试的过程中，网络连接失败、机器人无法正常充电、雷达无法精准定位等一系列问题接踵而至，这也在一定程度上打击了他们的积极性，一度让他们萌生放弃的念头。但"自强"的精神镌刻在每一位上大人的心中，他们一步一个脚印，一点点解决出现的问题，几乎每一次赛前调试他们都彻夜不眠，三个城市的星光他们尽收眼底。"你见过凌晨四点半的上海、北京和晋江吗？"他们总是这样调侃。功夫不负有心人，他们的热血拼搏也为他们换来了优异的成绩。

  在他们参加的各项比赛中，最引人注目的就是在福建晋江的服务机器人项目的比赛了。在备赛阶段，本项目是他们准备得最为充分的项目之一，但在比赛现场时却出现了致命性的问题：面对强大的信号干扰，机器人的行进速度远低于测试水平。为此他们毅然决然放弃某一较低得分点，追求得分最大化，最终不负众望夺得了第一轮比赛第四名的佳绩。但他们并不甘心，作为最拿手的项目，他们想要追求更高的荣誉。

  明知山有虎，偏向虎山行。在发现有线通信能使机器人速度大幅提升后，他们毅然决然报名参加了第二轮比赛，这个决定是建立在放弃第一轮第四名成绩的基础上的。在第二轮的比赛中，就连其他参赛队伍都为他们捏了一把汗。比赛拉开帷幕，机器人在定点上取得了成功，接着是顺利识别、精准抓取，第一个物品成功放置！看着时间不断地流逝，留给第二个物品放置的时间仅剩30秒，若这个物品能够成功放置到正确的货架上，队伍将可获得200分，远超第一轮的成绩。机器人找到对应货架，向前，继续向前，伸出机械臂，张开机械爪,"咚"一声,物品成功放置！观赛的所有人员不自觉地为机器人鼓起了掌,他们做到了,他们超越了自我！

参加第二轮比赛这一勇敢无畏的选择彰显了他们对项目胜利的执着渴望,不论前路多险峻,他们都迎难而上。这个决断不仅仅是对技术可行性的英明抉择,更是对团队实力和信念的激情印证,为未来的技术突破和比赛的辉优异现奠定了坚不可摧的基石。

在比赛的最后一刻,胜利的欢呼声在赛场上回荡,而这支团队的奋斗故事却远未结束。在这个团队的每一位少年的身上,汹涌澎湃着少年豪情的血液。他们从未向困难低头,以勇气和智慧为武器,勇攀科技的高峰。比赛是他们豪情的舞台,而"自强"则是他们心中永不熄灭的热血旗帜。在经历一次次挑战过后,他们不仅是机器人赛场上的战士,更是一个紧密的家庭,他们用汗水编织着共同的梦想。

愿少年们的豪情在科技的征途中不断升腾,愿同舟共济的团队力量永远在科技的海洋中扬帆远航。

把上大说给你听

微电子学院　郑丝雨

"大学之道,在明明德,在亲民,在止于至善。"古道飞扬的尘埃里,一道浑厚的声音传来,似低语,又像挥杆举旗的吼叫。

是以有了后文,道:"知止而后有定,定而后能静,静而后能安,安而后能虑,虑而后能得。"声音中有垂垂老矣,也有纯真无邪。

刹那间,天旋地转,物换星移,飞沙遁去,高楼拔地而起,明净的教室内少年执笔不停,粉笔末落在阳光打在的讲台上,呼吸交错,骑车的、滑板的、跳舞的、歌唱的、打球的、跑步的……人声鼎沸,肆意地蓬勃在葱茏的夏季,定睛一看,原来这是上海大学。

郑丝雨

当大学具象到一块土地、一片建筑上时,大学之道也早已从书本走进了少年的青春。大学的青春与高中的不同,在大环境的教条下,高中的青春是天边的晚霞,是课桌掉落的纸片,是小心按捺的情愫,是一遍遍复诵回锅的浓稠"鸡汤"。于大多数人来讲,没有时间关注自己,关注未来的发展方向,关注当下的社会乃至国际的格局形势,个人的成长局限在一张张成绩单上,无孔不入的压力叮嘱我们要努力才有出路,知识改变命运。到了大学,外部环境的改变无疑给了各位少年一次新生,解锁发现新的自我价值与状态,勇敢追逐"在明明德"的平台。

"国家的需要就是我的专业。"文科出身却在大学坚定选择转理的钱伟长老校长用短短几个字诠释了自己的初心,也诠释着青年"先天下之忧而忧,后天下之乐而乐"的大局意识和勇敢无畏,那是一个青年对国家赤诚热烈的爱,也是对自己能力本身的无限肯定,没有瞻前顾后,没有怨天尤人,他所拥有的绝不只是满腔热血,还有一份更长久更深厚更坚定的信仰,支撑着他在无人的知识旷野里风餐露宿、夜以继日地赶路,那是家国之大爱,"先天下之忧而忧"的奉献精神,在国家黑暗的地方燃烧自己,散播火种,散发微光,把自己的命运与国家的命运紧密相连。这也是上大学子的初心,是两代青年人薪火相传的赤诚爱国之心。面对中国在国际半导体行业的卡脖子难关,上海大学微电子学院拔地而起,一批批年轻鲜活的少年把自己的命运和国家未来绑在一起,前沿科技的突破并非一朝一夕,是在理论和实践中绞尽脑汁地找到理想的平衡,是在苦苦尝试无果后自己给自己打气重整旗鼓再出发,对每一个选择负责任,年轻的我们跨过十八岁的成人礼,成为自己的第一责任人,在百花齐放的园子里找到自己守护的那朵花,找到"知止而后有定"的"止"处,同时练就一身"定"力。

学习之余,丰富的团体生活不断充盈着我的灵魂,在人与人不断的碰撞交流中,我逐渐找到了想成为的模样,恰同学少年,风华正茂,年轻的身体经得起高强度的磨炼,我也在一次次变得更加勇敢的过程中找到了志同道合的朋友。2023年疫情结束后,大学生"特种兵"出行火爆全网,我们也背上行囊来了一场说走就走的旅行,朝露与晚霞与我们一同上路,温煦的杨柳风吹不灭我们探索的欲望,赏夜色阑珊下的灯火点点,雕梁画栋中的名匠巧思,巍峨高山上的雾澜云海,彼时的气息、场景、乐趣被定格封装在册,在未来的日子里熠熠生辉,待我老去之时再重新想起,那将是经年的醇酿,带着阳光和青草香。

夏天闷热的傍晚,草坪柔软而蓬松,同学们三三两两席地而坐,吉他声和悠扬的歌声响在耳畔,风轻轻拂过脸颊,吹起的发丝和不经意的回眸,欢声笑语间心之所向,尽兴处众人合唱,声音汇到一起,在举起的闪光灯中飘向云端这时,图书馆自习累的同学会抬起头揉揉眼睛,将目光投向天边绚丽的晚霞,吹过来的风都是自由的味道。那一刻我们不为任何人烦恼,剩下纯粹的快乐和自由,在少年的心头舞蹈。夜色下,湖中的锦鲤摆摆尾晃出漂亮的水花,像一条银色的丝带,倏而远逝。

大学是人生中的重要阶段,此刻青春拥有极大的自由和勇气,不断尝试突破是最好的选择,找到自己想找到的朋友,成为自己想成为的样子,打造未来的基础,搭建自己的强大内核,这便是我眼中的大学。

作为新时代青年,我们得见时代飞速发展下的前人初心:看见百色大山里最美的朝霞,黄文秀的精神震撼着我们;看见中国飞人苏炳添不断超越自我打破亚洲纪录;看见清华大学江梦南将青春怒放在科研的花圃。习近平总书记教导我们:"时代总是把历史责任赋予青年。新时代的中国青年,生逢其时、重任在肩,施展才干的舞台无比广阔,实现梦想的前景无比光明。"

壮丽河山由我们来守护,代代青年无穷无尽,一如中华盛世将长盛不衰,吾辈青年愿飒沓青春流光,在大学中寻找自我,担起责任,不负时光不负青春年少。

踏进上大校门,追寻成长轨迹

社区学院　江宇辰

上海大学是上海地区唯一用上海城市冠名的大学,如同北京大学一样,蕴藏着光荣城市的底气,令年轻人向往。

2023年我选择了上海大学,在同学羡慕的眼光下踏进了上大校门,一个学期过去,经历了迷茫也收获了无数的感动。融进上大这所治学严谨、师生平等、同学奋进的百年名校大环境中,追寻青年学生成长的轨迹。

在上大,我遇到了许多优秀的老师。专业教师和辅导员是我们接触最多的老师之一,他们不仅传授知识,更是我们成长道路上的引路人。对于他们的学者风范、治学精神、教书育人以及师生情谊,我深感敬佩和感激。

江宇辰

各个专业课教师的学者风范让我深受感染。他们不仅在学术领域有着深厚的造诣,更有着对知识的热爱和追求。在课堂上,他们严谨治学,深入浅出地讲解知识,让我们对学科有了更深入的理解。同时,他们积极投身科研,鼓励并带领我们参加各种学科类竞赛,致力于开阔我们的视野,丰富我们的学习生活,为我们展示了一个广阔的学术世界。

辅导员的治学与人文关怀精神也让我受益匪浅。我的辅导员不仅关注我们的学业，更关心我们的生活和成长。在面对困难和挑战时，她总是给予我鼓励和支持，看到我们生活上的问题也会立马与我们进行交流，有问必答更是让我感受到家的温暖。新环境新学校，第一次离家的我总是感觉各种不适应，就连一个小小的感冒咳嗽都严重到高烧不退。辅导员在知道我请假原因后，像妈妈一样陪我到校医院治疗，同时安排同学帮我记录笔记，让我倍感大家庭的温暖。

短短一个学期的相处，我与老师们和辅导员建立了深厚的师生情谊。他们不仅是我们的师长，更是我们的朋友。这种难得的师生情谊让我更加珍惜大学时光，更加感激他们的辛勤付出。不仅如此，他们鼓励我们勇于探索，勇于创新，勇于面对失败。他们告诉我，只有敢于面对困难，才能在生活中取得成功。这正是上善若水，海纳百川，大道明德，学用济世的上大精神所在。

在上大，我参加了许多课外活动和社会实践。面对社会真实活动的组织和参与，让我更加体会到胆怯与无能的后果，必须智慧、大胆、勇敢地对待每一件事。

第一次参加志愿者活动的场景记忆犹新。那时我还很害羞，不敢和陌生人交流。在参加活动之前，并不知道我要担任的是未来工程师大赛监考（裁判）的角色。我原以为让我参加活动最多去现场扫扫地，维持秩序当一名小保安而已，可全场一声不吭地完成我的任务。

事前裁判组老师也做了简洁明了的培训，但我心中仍然心神不定犯嘀咕，不知现场会出现啥情况？怀疑自己能力够不够？是否能顶得住？假如因我的失误会不会造成某大赛选手丢失自己夺得奖项的机会？毕竟是第一次参加真实的政府组织活动。

让我感到幸运的是，我并不是一个人监管一个考场，另有一个大三的学长和我一组承担监考工作。按例考场最紧张的应该是考生，但我的压力丝毫不逊色于他们。望着只比我小一点点的选手们，我这个监考官显得不够成熟。当我鼓起勇气读完了参赛须知刚想坐下，几位考生就开始对规则上的要求提问，安静的教室也随即吵闹起来。作为监考官我刚想回答，前辈挥挥手制止了我并大声讲："这些问题和考试内容相关,我们无权为你解答,现在请保持安静。"裁判的威严在此刻展现得淋漓尽致。而我也体会到作为裁判,对规则要理解透彻,不必有问必答,只有主裁判对于规则的解释。三个半小时的监考转瞬即逝,选手离场的那一刻我如释重负。毫无意外地成功地完成了这次裁判任务。啊,我成熟了!

　　上海大学校园环境景观,也是我心中永远的美好记忆。漫步在校园的小路上,绿树成荫、花香四溢。清晨时分,阳光透过树叶洒在道路上,让人感受到宁静与美好;夜晚时分,月光洒在泮池上,让人沉醉于浪漫与梦幻之中。每年一届的菊花节也是让人流连忘返,许许多多栩栩如生的花雕犹如精灵,如梦幻般进入我们的视野,让人流连忘返,但在校园里,我最喜欢的地方是钱伟长图书馆。那里安静而庄重,充满了知识的气息,饱含科学泰斗老校长的谆谆教诲。每当我在图书馆里阅读书籍时,都能感受到一种宁静和满足。图书馆是我和同学们交流学习心得、分享学习生活,获取知识的海洋。

　　作为一名上海大学的学生,我深知自己的责任和使命。我要传承红色基因,发扬上大精神,为实现中华民族伟大复兴的中国梦贡献自己的力量。在未来的日子里,我将继续努力学习知识,提高自己的综合素质。我将积极参加各种社会实践活动和志愿服务活动,锻炼自己的能力和素质。我将始终保持一颗感恩的心,珍惜母校的培养和关爱。同时我也会深入了解学校的发展历程、上大精神的内涵以及学校的发展目标等。通过了解这些内容我会更加热爱自己的母校并为自己是上海大学的一员而感到自豪。此外我还将积极参与学校的各项活动并与同学们一起努力为学校的发展贡献自己的力量。我相信只要我们齐心协力、共同奋斗、共筑青春梦、擘画未来图景!

我与上海大学的那些故事

上海美术学院 郑奕涵

曾经,作为一名普通高中生,我对大学的生活充满了期待和向往,心中绘制着美好的蓝图。在我的梦里,四年时光是灿烂的,充满了无限的可能与希望。踏入上海大学的校园,我仿佛进入了一片从未涉足的天地,感受到了一种截然不同的气息。这个校园承载着悠久的历史和深厚的文化底蕴,培育了一代又一代优秀的学子。我怀揣着对未来的美好憧憬和期待,踏上了新的征程。

郑奕涵

在这个美丽的校园里,我用汗水浇灌梦想,用知识书写人生。每一节课,每一个实验,每一个讨论,都让我更加充实,更加迷恋这个知识的殿堂。我不再是那些毫无头绪、茫然无措的新生,而是变得自信、坚定和勇敢。我已经成长,成为内心强大、胸怀坦荡的人。我不再被过去所限制,而是着眼于未来,为梦想不断努力。

作为一名上海美术学院的学生,我学的是艺术设计学专业。关于我的学习生活,那可真是丰富多彩。

必备的专业课,让我对美术史和设计史有了更深一步的认识;自由选择的通识课,让我可以在自己感兴趣的领域得到更多知识,拓宽自己的视野;多种多样的体育课,让我能够通过自己喜欢的体育类型去强化自己的体魄……除了课堂的学习,课外的生活也同样精彩。我比较喜欢去24小时自习室,安静的环境、明亮的视野、干净的桌面,连带着我的心也沉淀下来。至于周末呢,我更倾向于出去走走。如果说大学是一个社会,那么社会也应该是一所大学。出去看画展、参加一些志愿者活动、跟朋友一起购物、在社团发展兴趣爱好等,都让我收获了许多课堂得不到的惊喜,让我学到了各方面的知识,给予我诸多启迪。

如果要说我在上海大学的生活故事,那么就一定要谈谈上海大学的美食了。

作为一名吃货,美食是万万不可辜负的。在这个繁华喧嚣的城市里,美食就像一曲动人的乐章,在味蕾间缓缓流淌。上大那无尽的美食宛如一幅绚丽多彩的画卷,让我置身于味觉的天堂。

每一道美食都展现出独特的风味,让人感受到"舌尖上的上大"。它们如一首首诗歌,用独特的味道诉说着一个个美丽的故事。纵使岁月匆匆,美食却能留下永恒的印记,在那些味蕾上,永远都是一幅闪烁着诱惑的画卷。上海大学的六个食堂,多种菜式,数不清的地方特色窗口,为我的大学味觉记忆增添了浓墨重彩的一笔。益新、尔美、水秀、吾馨等食堂,个个都是我的心头好。尤其是西临宏基广场,东临经纬汇,种种美食总让我难以抉择。

当然,生活不止眼前的美食,还有美与享受。

最是橙黄橘绿时,秋风起,满庭芳。当秋意来袭,上海大学的菊文化节正办得热火朝天,上海大学以菊为衣,展现出"宝山第一人民公园"的独特风采。古有陶潜超然,采菊东篱;今有上大芬芳,菊盛满庭。

秋日的大地凝结了一夏的热情与生机,微风带着清新的气息吹拂着上大学子的脸庞。在这个金色的季节里,菊花绽放出最美丽的笑容,宛如一片片火焰在秋风中跳动。走近菊花,仿佛进入了一个精致而梦幻的世界。密集的菊花朵朵如繁星般闪耀,有纯洁的白色,宛如银河夜空中最明亮的星辰;有娇艳的黄色,仿佛金灿灿的谷穗在阳光下摇曳生姿;还有深邃的绿色,宛若夜幕降临时挂在空中的神秘宝石。菊花的香气也在这时弥漫开来,那是一缕清香,仿佛是秋天用落叶和露水所凝出的甜蜜。漫步在上大的菊花世界里,心灵豁然开朗,既有美的享受,又有思绪的舒展。簇拥在菊花中间,仿佛成为大自然的一部分,让人沉醉于岁月的沉淀和生命的律动。

在大学的生活中,宿舍生活有着独特的魅力。

橙黄的暖阳透过窗帘轻轻洒进宿舍,仿佛是一位温柔的艺术家,为这个空间披上一层金辉的羽毛。宿舍里弥漫着淡淡的书香味和青春的活力,床头的小灯散发着柔和的光芒,照亮着学子的梦想。窗边的书桌上摆放着一摞摞的教材,彼此之间夹杂着便笺和手写的小纸条,记录着友情的轨迹。床铺上铺着温暖的被褥,每一片被角都沉淀着朝夕相处的温情。在这个小小的空间里,生活琐事似乎融化成一幅幅淡淡的画卷,串联起每一个奋发向前的青春年华。

夜幕降临,宿舍变得宁静而祥和,窗外星星点点,闪烁着对未来的憧憬。同窗相对,分享着彼此一天的心情,笑语轻飘,温馨而恬静。宿舍成了这个大学校园里的温暖港湾,承载着青涩的梦想和奋斗的足迹,让每一个上大学子在这个小小的空间里都感受到了家的温馨。

从高中到大学,我的社交圈也如小溪流入大海,随着一圈圈涟漪泛开,逐渐扩大。

在这里,我结识了许多像钻石般闪耀的教师。他们的学者风范和治学精神令人敬佩不已,他们用知识的火花点燃了我们内心对世界的探索之志。专业课上,老师总能用深入浅出的授课方式,让我如沐春风。他们的言传身教,教化着我们成为更好的自己。

在这里,我认识了很多志趣相投的同学,他们是我生命中最值得纪念的朋友,也是我人生中最美丽的一道风景线。我们共同努力、共同发展、相互支持、共同进步。不管是准备考试时的图书馆,或是下午轻松闲聊的校园,我们都能互相鼓励、互相进步。我们在一起度过了数不清的白天和黑夜,分享着欢乐和悲伤。这份宝贵的友情,将永存我心。

除了学业之外,我还积极参与各种课外活动和社会实践,丰富自己的大学生活。每当我走进校园的图书馆,浓浓的书香氛围扑面而来,让我深深地沉醉其中,在这里我可以遨游书海,挖掘知识的宝藏;每当我走进社会实践基地,看到一张张陌生的脸庞露出了灿烂的笑容,那一刻我觉得自己很有成就感;通过参与志愿活动,我在奉献中体会到了帮助他人的快乐和成就感。这些经历让我青春飞扬,更加坚定了我的人生目标和理想。让我们在这条路上不再孤独寂寞。让我们的青春充满生机和活力。

上海大学,不仅是我人生中重要的一页,还给了我一个充满机遇和挑战的舞台。在这里,我不仅汲取了知识的营养,还培养了品格的修养,明白了"修身齐家治国平天下"的道理。邂逅上大,业师教诲,同学少年,青春飞扬,这是属于我的上海大学的故事。我将继续努力,以全新的姿态,再出发,擘未来,开启属于我的光辉未来!

心之所向,素履以往

社区学院　高祎宁

新征程,于上大精神中扬帆。自2023年8月22日踏进上大校园时起,充满"自强不息,道济天下"的上大校训便萦绕耳边;"先天下之忧而忧,后天下之乐而乐"的情怀也无数次浮现于脑海。从刚开学时尚未熟悉学校教学楼分布,面对不断变化的上课地点,我迷茫与无措;下雨时因教学楼距离宿舍太远,只能一边骑车一边打伞,我无助与狼狈;老师上课速度太快导致学习知识点跟不上,我焦急与无力……这一切的不安与彷徨,随着对学校的深入了解,随着与学长学姐们的深入交流,一

高祎宁

点一点地消散。学长学姐为我耐心讲解教学楼分布和选课的流程,细心地提醒其中需要注意的事项。为知识点焦虑时,学长学姐将他们当年整理的笔记无私奉献给我……这些点点滴滴,都曾数次将我触动。辅导员在活动课上鼓励我们要勇于尝试,再三强调绩点的重要性,叮嘱我们努力学习。全程导师的设立,让我快速而顺利地熟悉了大学生活。一次次的讲座上,无数知名学者来到学校为我们分享他们一步步走来的故事,使我慢慢找到了人生方向。这些无不诠释着上大立德树人的初心,也深刻展现了上大对学子们的无限关怀。

再出发,于谆谆教诲中成长。在人生的旅途中,我们不断出发,我们不断成长。每一次出发,都面对新的挑战与机遇;每一次成长,都在声声教诲中绽放。每周活动课上邀请的各行各业人员,为我们大二专业分流提供了更加清晰的方向;课下与辅导员交流,他感同身受的经验指导更是缓解了我们现阶段的学业焦虑,让我们更加从容地面对生活。身为上大学子,我们能通过开展诸如科研项目、创新创业大赛等各种创新实践活动培养创新意识和实践能力。在各种项目的宣讲中,我也慢慢探索到了自己的兴趣所在。上大作为一所具有社会责任感的学府,更是将这一理念身体力行地传播给了每一位上大学子。通过开展支教、公益服务等多种社会实践,我们得以将自己的所学所得回馈社会,为社会发展进步贡献自己的力量。而这种服务社会的责任担当,也正是上海大学学校精神的体现,它让我们看到了教育对于促进社会公平和进步的重要作用。在上课中,老师传达给我们的不只是专业知识,更多的是为人处世的态度和方法。老师教导我们的一些自己的亲身经历看似是有趣的故事和经历,却是他们深有体会的哲理,是不想让我们再走弯路的期盼。在老师一句一句的教诲中,包含了太多感情,再回首,才发觉知识与温情早已将我们环绕。

共青春,于陪伴中共勉。在青春这段最美好的时光中,我们充满激情,梦想和追求,陪伴和共勉在此中尤为重要。团队合作中,我们学会了如何与他人协作沟通;在学术竞赛中,我们结交了志同道合的朋友;在宿舍生活中,我们学会了如何与人朝夕相处。

上大的生活和学习能够给予我们力量和信心。在大学,我们面对的不仅仅是飞快的学习进度,还有陌生环境带来的心理压力。时常到来的挫折和困难却因为朋友的陪伴鼓励而逐渐勇于乐观面对。老师和同学的支持不仅是一种精神上的慰藉,更是一种实实在在的动力。在陪伴中,我们互相倾听和分享,感受到彼此的关怀和温暖。在面对多个小组作业和论文提交时,朋友教会了我如何拆解问题逐一解决;在她遭遇困难和不顺之时,我也能及时提供陪伴安慰并同她一起寻求解决的方法。这种陪伴共勉,定会在多彩的青春中留下浓墨的一笔。

擘未来,在交流中发展。在全球化日益加速的今天,交流与合作已成为推动人类社会进步不可或缺的动力。无论是国家间还是企业间的合作,都在不断激发着新的思想、新的创意,身为大学生的我们也应紧跟时代潮流,积极交流互鉴,合作共享。在一次次的小组合作中,我们提出了多种报告形式,有PPT,有文字讲述,也有短视频。而其中的丰富内容,便是同学们交流分享的结果。在交流中,同学们的特长不一,分工板块自然也大不相同。大家将写演讲稿、查找数据、视频剪辑、PPT制作等多个工作环节有序整理并合理分工,在一次次的思想碰撞中,呈现出精彩的内容,同时也对各自负责的领域知识有了更加深刻的了解。学校也常会邀请的各界人士来与我们进行交流,在台上台下的互动中,我们学习到了许多在课堂上不曾习得的专业知识,也提高了思维能力和语言表达能力,为日后的发展进行了良好的铺垫。

  光阴荏苒,转眼间来到上大学习已有4个月。它让我逐渐褪去曾经那个青涩的自己,却又不减半分对梦想的热情。课本的知识固然枯燥,可将其取代的,是解出难题的欣喜;独自来到陌生的城市固然孤独,可温暖我的,是一直陪伴共勉的师友。虽然前路仍漫漫,但上大却不断用自己的方式告诉每一位上大学子——你们未来定可期!

青春岁月,携梦再启
——我的上大之旅

社区学院　金圣琦

在 2023 年的秋天,十二年的寒窗苦读之后,我踏入了我梦寐以求的高等学府——上海大学。大学生活在我看来是一个全新的征程,也意味着一个新的人生起点,我将要在上海大学度过人生中最美好的青春时光,我也向往着美好的未来生活。

上海大学,是一所名副其实的红色学府,红色的土地上孕育着丰厚的校史。曾经的我,只了解到上海大学是一所 211 高校,教学质量优秀,并且努力地向上登攀,不断进步。我怀揣梦想,踏进这片土地,发现这不仅仅是一所学校,更是一座承载着悠久历史和厚重责任的殿堂。老上海大学作为由中国共产党创办的第一所高等学府,拥有着不可比拟的红色基因,也培育出了许许多多的栋梁之材,他们都为赶走日本侵略者、建设新中国献出了自己的力量。新上海大学是由钱伟长先生担任的校长,他的人生经历堪称传奇,我作为一名文科学生,对钱老弃文从理,"国家的需要就是我的专业"决心感到震撼,由衷地钦佩他。上海大学能有

金圣琦

现在的成就,绝对离不开钱老的努力,他立下"先天下之忧而忧,后天下之乐而乐"的校训,学校创新性地引入三学期制度,这些都是上海大学成功的基石。

我前些日子去东区的钱伟长图书馆,参观了上海大学校史馆、钱伟长纪念馆,更深入地感受了上大的校史。那为国家民族办学的初心,让我深感责任的重大。"上善若水,海纳百川,大道明德,学用济世"的上大精神,是我们的骄傲,是奋斗的力量。母校教会我们要有担当,要有责任,要有对社会的责任感。我深深明白,只有脚踏实地、自强不息,才能在这片红色的土地上开出属于自己的花朵。

在上大的这几个月里,我与我的高中同学互帮互助,一起适应大学生活。我并不是一个特别外向的人,到了一个新的环境,总是有些怕生,不会主动的与人交往。因此,有几位高中好友,还是特别重要的。我们能在刚入校那段时间里互帮互助,相互提醒,相互依靠,那时人生地不熟,有几个能说话的好友,是多么幸福的一件事情啊。

当然,我也结识了许多志同道合的伙伴,他们来自全国各地,让我感受到了全国各地不同的风俗习惯。特别地,作为上海的学生,我曾经并没有住宿过集体生活的经历,几个人一起住宿舍,对我来说很是新奇。我的室友们来自外地,他们高中就有过住宿的经历,他们也十分理解我从未住过宿,非常理解、包容我。我们一同面对各种难题,互帮互助,共同成长。我相信这份友谊将伴随我们一生。

校园生活丰富多彩,每一个瞬间都是青春飞扬的注脚。我从小非常喜欢踢足球,我运气不佳,在院队选拔时发烧了,失去了进入院队的机会。当时,我很是气馁,因为我已经多年没有参加过足球队了。在上海市区,学校都是没有足球场的。来到上大,足球场不少,但是没进院队,错失良机。让我没想到的是,上海大学的足球氛围相当不错。我在冬季学期,选修了足球课,在课上,大家在球场上冲刺带球射门,拦截封堵抢断,非常积极,也非常友好,足球氛围特别好。这片校园的绿茵场,见证了我们的汗水和欢笑,也将是我青春记忆中永远的明信片。

同学少年新征程,吾辈青年再出发。在上大的校园里,我收获了知识,体验了人生,结识了挚友。这不仅仅是一个学府,更是我心灵的驿站。在这里,我不仅得到了专业的知识,更培养了健全的人格。愿我的青春之花,在新的征程中,继续绽放,为未来擘画出更加绚丽的色彩。

夹缝里的月光

社区学院　梁钟源

上大的钱伟长图书馆我已经很熟悉了。在钱老慈祥的雕塑后，屹立着这么一个类圆柱体的建筑，为什么说是类圆柱体呢，因为它每层虽然都是一个小圆柱体，但是层与层之间并不是严丝合缝，而是相互错开的。仿佛有一个顽童将几块蛋糕歪歪扭扭地叠放在一起。但其巍峨的样子，绝不会让人真的认为这是稚子的作品。几根圆柱体中镶嵌着闪亮的钻石——那是被阳光照耀过的落地窗。这样的组合让我第一时间联想到了罗马斗兽场，同样的圆柱体建筑，同样多"孔洞"，钱伟长图

梁钟源

书馆的形象一下子威严了几分。我便是抱着这样庄重的心情踏入其中的。

鲁迅先生说得好："世上本没有路，走的人多了，也就成了路。"我不敢说自己经过半年的时间走出了去往钱伟长图书馆的一条新路，但对钱伟长图书馆的探索却已很深入了，第一次的庄重的早已被轻松熟悉所代替。进入钱伟长图书馆，一楼就是大厅一个，连接三条通道：一条通往阅览室自习，这可是我常去的地方，已经陪伴了我几十个日日夜夜；一条奔向校史馆和钱伟长博物馆，那里我倒不常去；还有一条直面大厅，是举办展览的地方，近期正火热举办

的"青铜之光"展览就在这里。这样看来,好吧,可能我只是对钱伟长图书馆比较熟悉而已——总是会有些相对陌生的地方的。

　　但是我对它的四五层真的是了如指掌,这也是我来钱伟长图书馆的主要原因。不用说他外圈各种书目琳琅满目,塞满了一个个小房间般的格子,颇有汗牛充栋之感;也不用说莘莘学子俯首于书桌之上,埋头于学海之中,兢兢业业,孜孜矻矻;更不用说内圈的氛围极佳,每个人安心于自己的事,宽裕的空间间隔足以让我疲乏之余肆无忌惮地伸个懒腰。而其圆桌式的设计不禁让我幻想自己是亚瑟王时期的骑士,正与邪恶的巨龙搏斗。内圈的书籍毫不逊于外圈。五楼的经史子集更是让我叹为观止,虽然我不常翻阅这些书籍,但这并不能说我对钱伟长图书馆不熟悉——事实上,我最喜欢内圈的原因,大多是因为它的屋顶。透明的屋顶,下面是若干条状帆布铺垫,中间有黑色的支柱分隔,夜晚看就是一整块黑幕,并无特殊,但是一到白天,阳光透进来,天空都成了屋顶的背景。你看,帆布飞扬,支柱为桅杆,蓝天为碧海,整个屋顶化身为帆船,在天空之海中遨游。每当我学累之时,举头而望,仿佛自己也驰骋于碧海蓝天,顿时心旷神怡,阴霾散去。每当夜晚降临,就是帆船落幕之时。黑夜中的内圈,固然不会随其一同黑暗,反而是比白天更堂皇、更张扬了些。每层边缘顶上的小灯都一一亮起,犹如为舞台点亮了灯光。人们书桌前的台灯也逐渐被点亮,给每个人脸上都增添了几分光彩。最耀眼的当属内圈圆桌外镶嵌的盏盏壁灯了,它们金碧辉煌,烛照天幕,外面的夜晚仿佛不复存在,内部的光明成了此间的唯一。只有当你抬头看到顶上的黑幕时才会知道原来夜已深了。

　　但是我不喜欢这样,不是我不喜欢光明,而是深夜下我最喜欢的屋顶已索然无味。经过白天的学习也已落下一身疲惫。眼神从书山题海中移开,环顾四周是每个人埋头的场景。"晚上的人似乎格外得多",我百无聊赖地呢喃。打量着塞满格子的书籍,我不禁有些疑惑:"这里的书会有人看吗?书放在这么高的位置有人想看怎么办?这里是诗集,那边会是什么呢?"我开始怀疑自己,我真的熟悉这座图书馆吗?否定,模糊,迷茫。这座图书馆就只是自己学习的地方吗?我已经没有了第一眼见到它时的惊叹,已经失去了探索它的兴趣,剩下的只有日日夜夜独坐书桌前的苦读。我变了,只在乎手中的纸笔而忽视了眼前的风景……

迷茫和疲惫席卷了我的身心，下意识地抬头看向屋顶，我不期待能看见什么，但一霎时我还是被吸引住了——是月亮，皎洁的圆月出现在了黑幕中，似乎也在凝视着我。那是每根支柱间存在的缝隙，那月亮，小巧轻灵的月亮，跻身进了这缝隙，好像是要瞧瞧这个奇特建筑物里面的样子。它或是无心闯入，在建筑物里仰视的我却被其触动。原来，并非只有白天才能彰显屋顶的精美巧妙，夜晚也有它独特的意蕴。我一时愣住了，眼中只有那夹缝里的月亮和透过缝隙的一丝月光。月光是柔和的、沉默的，不同于图书馆的灯光辉煌而张扬，照在我身上，就像是母亲的手抚慰着我，放松而又祥和，抚平了我的烦恼。

突然想到苏子当年泛舟赤壁之下，月出于东山之上，徘徊于斗牛之间。那一瞬间的惊艳，也必定能扫去不少的贬谪之苦、离别之痛。李白采撷月光，化为琼浆，挥毫泼墨，写尽盛唐，此中之月，也成了他的灵感源泉。又记起当年钱老，远赴重洋，求学海外，他又怎能不想念故土的一切，而月亮，也肯定承载过他的寄托。

而在此刻，月在我心中也有了具体的表达。这月是偶然的风景，正好游荡于缝隙之间；是无垢的明镜，照耀着我们每个人的内心；是指路的明灯，在我迷茫无助时驱散眼前的雾霭。我终于明白，这层屋顶的设计可能并没有我想象的那样特殊，或许只是为了让光透进来，无论阳光或月光，夹缝之中，自有真情。

我明白了，原来我并不熟悉钱伟长图书馆，所谓的了解不过是走马观花，好在还有时间，选一个有月亮的夜晚，让我开始新的探索吧。

八宝入学记

悉尼工商学院　王骁

"你好呀,你眼里的上海大学是什么样呢?"八宝如此问道。

八宝本名叫珏怡瀚,老珏老来得女,对她宠爱有加,疼爱备至。而小八宝的出生月份恰逢八月,这个时节丰收的季节也寓意着吉祥如意。因此,老珏便给她取了"八宝"这样一个乳名,寓意着女儿是家中的宝贝,也寄托了他对女儿无尽的祝福和期望。

今年 8 月,八宝刚满 18 岁,到了该上大学的日子了。在这样的一个炎炎夏日里,夏蝉张了张嘴,振动着薄翼,似乎在挽留着些什么;青枫树叶随着微风舞动,舞动的叶片像是在与每一个远去的人挥手告别;夕阳西下,大地披上了一层温柔的面纱。八宝觉得蝉鸣和青枫好像在为她送别,于是她告别蓝天与白云,踏向前往远方的征程。

王骁

"下一站,上海大学。"八宝顿了顿神,这就是自己的目的地。转头看向车窗外,思绪随着路边来也匆匆去也匆匆的建筑群远去。想象中的大学是什么样的呢? 是不仅有着四通八达的小路还有着宽阔开敞的康庄大道的小镇呢?

还是像《桃花源记》中所描绘的一样,土地平旷,屋舍俨然呢?又或是如公园一般,随处可见的绿意在校园里排兵布阵,为生活更添一股生机与活力呢?八宝也猜不到,不过没关系,答案即将揭晓——"上海大学,到了。"

正值夏季,午后的阳光热烈而奔放,如同一曲激昂的交响乐,奏出热烈的生命乐章。每一个生命都在它的照耀下奋力生长,与世界共舞。八宝的心情也是如此。站在上海大学的校门口,眼前的一切都让她感到无比新鲜和激动。阳光照耀着校园的每一个角落,透过树梢,斑驳的光影交织成一幅绚烂的画卷。树木间欢快的鸟鸣和微风拂过树叶的声音,构成了一首自然的乐曲,给这座历史悠久的学府增添了几分青春的活力。

她环顾四周,高耸的教学楼在阳光下显得更加庄严和神圣。绿树掩映间,学长学姐们或悠闲地散步,或坐在草坪上交谈,他们的脸上都洋溢着青春的光彩。远处,图书馆的窗户反射着阳光,像是一座智慧的金矿等待着学子们去开采。

八宝的心中涌动着无尽的欣喜。她迈开脚步踏入校园,一路上,她仿佛闻到空气中弥漫着特有的书香。沿着大路前行,穿过一片片树林,路过一栋栋建筑。每一寸土地,每一砖每一瓦,都诉说着这个学府的历史和底蕴。而现在,八宝成了这里的一部分,她的梦想在这里生根发芽。学校里的一切都是这样的新奇,怀抱着对新事物的好奇,八宝开始穿梭在校园的各个角落。

"你们好呀,小家伙们,很高兴见到你们。可以跟我说说在你们眼中的上海大学是什么样的吗?"八宝轻轻走到泮池边上,蹲下身子,用手拨动着水面。鱼儿闻声而来围绕在八宝的倒影附近。

"在我看来,上海大学简直就像一座迷人的水族馆!这里的湖水超级清澈,就像一面镜子,让我可以清晰地看到水草在舞动,还有那些在阳光下闪闪发光的鹅卵石。啊,对了,还有那些大片的绿叶,就像天然的屋顶,遮挡住夏日的烈日,让我感觉超级凉爽。特别是泮池!它像一个无边无际的自由天地,任由我肆意地游来游去,可舒服啦!每天都是自由自在的,无聊时抬头看着岸上的景色也别有乐趣。每到铃声响起之后,不过一会儿原本安安静静的世界变得热闹起来:上海大学的学子们下课啦!有的人骑上自行车驶向下一个目的地,金黄的阳光洒落在他们的脸上,那也许就是你们所说的青春的模样吧;有的人不紧不慢,携三五好友漫步在泮池边上,诉说着、分享着近日的情况,我偶尔也会偷听一下他们的对话,了解一下校园趣事;还有的学子们更有雅兴了,他们坐在泮池边,我跟他们大眼瞪小眼地'对峙'着,发呆的上大学子们神情憨态可掬,甚是可爱!总的来说,依我看,上海大学可真是一个不错的地方,这儿充满了活力和温暖,怎么能不喜欢这儿呢?"鱼儿在水中摇曳着身姿,轻快地向八宝描绘着。

"这难道就是书上说的鱼翔浅底吗?感觉小鱼的生活很是自由自在呢。"八宝回应着,又开心又兴奋——她也将拥有鱼儿描绘的这种生活了。

腿蹲得有些酸了,八宝站起身子准备离开池塘边,向着远处走去。

八宝漫无目的地走着,空气中弥漫着清新的草香,偶尔夹杂着远处花朵的芬芳,这香气让八宝的心情变得无比轻松愉快。忽然,一片宽阔的球场映入了她的眼帘——体育场到了。她好奇地踏入了球场,她准备问问在球儿们眼中的上海大学是什么样的。

羽毛球、网球、篮球、足球、排球……各式各样的球儿们向八宝靠拢过来,共同向她描绘着上海大学的模样。

"清晨,当第一缕阳光洒在这片土地上时,学子们便开始了与我亲密的接触。他们或是在体育馆内挥拍练习,或是在露天场地上与我共舞。他们的热情与活力感染着我们,让每一个清晨都充满了期待。午后,阳光斜照在球场上,映照着学子们矫健的身影。他们或是对抗激烈,你来我往;或是默契配合,共同进退。汗水与欢笑交织在一起,奏响了青春的乐章。在这片场地上,每个人都是主角,每个人都在为了梦想而奋斗。傍晚,当太阳渐渐西沉,球场上的灯光如繁星般亮起。学子们仍在尽情地挥洒汗水,仿佛要将一天的疲惫都释放出来。我们也在一次次被击打的瞬间,感受到了他们的坚持与拼搏。在这里,每一天都充满了激情与活力。学子们用他们的热情点燃了我,也照亮了整个上海大学。你瞧我们身上的粉底,是我们同他们征战球场的证明。"

听了球儿们的描绘,她觉得激情与热血是球场的代名词。上海大学是一个充满热情与活力的地方。

离开球场的八宝，迈着轻盈的步伐，踏进了上海大学的食堂。这里热闹非凡，香气四溢，是另一个充满活力的世界。

　　八宝环顾四周，问道："食堂食堂，你可以说说你眼中的上海大学是什么样的吗？""嘿，你好啊，八宝！"食堂热情地向八宝打招呼，"我觉得上海大学就是人多吧，每天都会有很多人来光顾我呢，只要一想到我能让这么多人吃到美味的饭菜我就高兴得不得了。你也要来点吗？"只见食堂里摆满了各种各样的美食窗口。有热气腾腾的面条，有香气扑鼻的小笼包，有鲜美可口的麻辣烫，还有色香味俱佳的烤肉串。每一种食物都仿佛在向八宝招手，诱人的香气让她垂涎欲滴。八宝犹豫了一下，然后决定尝试小笼包。她轻轻夹起一个热乎乎的小笼包，小心翼翼地咬了一口。汁水立刻溢满了口腔，鲜美的味道让她忍不住闭上眼睛享受。"怎么样？好吃吗？"食堂问。八宝睁开眼睛，微笑着说："太美味了！这是我吃过的最好吃的小笼包！""哈哈，看来你真的很喜欢这里的味道啊！"食堂高兴地说，"除了小笼包，还有许多其他美食等你来品尝哦！"八宝点点头。于是，她决定在食堂里四处逛逛，不时地停下来品尝各种美食。麻辣烫的鲜香，烤肉串的肥嫩，包子的软糯……每一种美食都给八宝带来了不同的味觉享受。

　　吃完，食堂向八宝问道："那八宝你眼里的上海大学是什么样的呢？"

　　八宝笑了笑说："我还是一个大一的新生啦，但是在我跟大家的谈话里已经对上海大学充满期待了呢。小鱼让我知道上海大学是一个充满了自由的学校，在这里我们可以有着自己的发挥空间，学校为我们提供了一个舒适的环境；球儿们让我知道了上海大学是一个充满了激情与活力的地方，青春的气息洋溢在校园里；而食堂，你让我知道了上海大学是一个美食天堂！我可喜欢啦！上海大学，梦开始的地方！"

　　八宝站在食堂门口，夕阳的余晖洒落在她的脸颊上，金黄且温暖……

关于我在上大平凡而幸福的生活

环境与化学工程学院　张嘉慧

每每提笔,欲书经历,心中涌起的第一句总是"时光荏苒,岁月如梭",感叹时间匆匆流逝。虽然老套,但事实如此。仿佛昨日我还刚从高考的考场走出来,沐浴着自由的清风,今日清晨醒来却发现自己已是大三过半,毕业两字近在咫尺。作为理工生,高考后便再未写过命题作文。对于"我的上大故事"这个主题,我只想闭眼回忆这两年多的经历,倾诉此刻的心情。我的上大故事,是一个平凡却充满幸福的故事。

张嘉慧

刚踏入大学校园时,疫情的阴影还未褪去,大一的日子大多被封闭在寝室或家中度过,与我在高中所憧憬的大学生活大相径庭。真正充满活力的大学生活,要等到大二才开始。在大二,我从社区学院转入了环境与化学工程学院。尽管在选择专业时,耳边充斥着"生化环材,四大天坑"以及转专业和考插班生等各种建议,但我并没有被这些所困扰,我只是想在众多选择中挑选一个我感兴趣又能够学有所成的专业,这样在学习专业课程时就不至于过于煎熬。幸运的是,我的父母一直支持我,他们从不干涉我在人生道路上的重大选择。用爸爸的话来说就是:"不求你有什么大志向和大作为，只希望你能够自食其力，不给社会添麻烦就好。"上大的全程导师制度在我选择专业方面也给了我很多帮助。大一时，环境与化学工程学院的潘赟老师作为我的全程导师，在她的指导下，我参与了环境专业相关的大创项目和社会实践课题，逐渐接触了环境专业，了解了其发展、目标和前景，这也成为我在大一分流时坚定选择进入环境与化学工程学院的主要原因。

大二的生活远比我想象得更加丰富多彩。这一年，我经历了快乐和幸福，更加感恩于所拥有的一切。

在潘老师的举荐下，我顺利加入了学院的品牌社团，并在大二担任社长。也是从此刻开始，我第一次在大学里有了团队意识，第一次有了强烈的愿望想要通过自己的努力带领一个团队越来越好。刚成为社长时，情况不容乐观，换届后选择留在社团的社员只剩 3 人，我和我的副社长以及一个即将休学的同学。起步阶段的工作量巨大，大部分工作都需要我和副社长亲力亲为。尽管在疲惫和崩溃之间挣扎，我们依然选择继续前进。因此，社团的首要任务就是进行新生招募。通过三次大型招新活动，社团的成员数量从 3 人扩大到 31 人，社团的工作也逐渐步入正轨。随后，各项社团活动接踵而至，我们也接到了其他学生组织的合作邀请。社团的架构逐渐清晰，知名度也逐渐扩大。更多的人开始听到我们为生态建设发出的声音，这是作为播种人最希望看到的。在每一次团队合作中，我都深切体会到了与志同道合的伙伴一起为共同目标努力所带来的快乐。

然而，收获的背后并非只有快乐。这一年的工作量过于繁重，社交频率过高，在很长一段时间里，我一直处于打鸡血的高负荷状态。我习惯通过释放强大的正能量来激励社团成员保持对工作的热情，但我本人并非一个乐观的人。完美主义和钻牛角尖的性格使我经常选择亲力亲为，而不太完美的结果总会让我陷入内耗。可人的精力是有限的，因此在大三这一年，我选择了不再于任何学生组织中任职。我想我应该更注重自己的感受，静下心来，重新找回我应该心安理得享受的闲暇时光。当我慢下来，不带任何功利心地去享受闲暇带给我的自由时，我意识到我的独特性来自此，而非逐渐趋同化的工作中所体现的价值。

在元旦放假前的傍晚,我独自拖着行李箱穿行在校园里。天边泛起粉色的彩霞,整座校园异常宁静。枯黄的落叶一片又一片地飘落,手机里是接连不断的元旦祝福和妈妈等我回家的消息。学业的压力和情场失意的落寞在那一刻使我的情绪突然爆发。走完这一年,任何怨言都显得毫无意义,所有情绪都只化作感恩。我意识到其实我一直是一个幸运的人,家庭美满,良师挚友相伴。即便面对困难,我总是在心中默念"完蛋了,完蛋了",但最终结局也从未太糟。我遇到的人都很真诚,而我也愿意真诚地对待他们。

不久前,我遇到了大一的辅导员陆耀峰老师。他问我在现在的学院过得怎么样,我回答他说:"很好,在这里我有很多的'妈妈'。"他说:"那你一定很幸福。"是的,我的导师潘赟老师,是她带着我走上专业的学习之路,给了我见世面的平台和机遇。在我懒散失去动力的时候,她告诉我:"做一件事要么不做,一旦开始就要全力以赴,用心去做,争取最优的结果。"也是她在我只顾眼前小利去从事对自身发展帮助不大的工作时提醒我不要浪费时间,要把眼光放长远。这两句话我将始终铭记,成为我从事任何工作的警醒。更多时候,我把她当作妈妈,听她唠叨我的学业,关心我的情绪。我的辅导员朱启宽老师和赵申洁老师也是被我当成家人般的存在,他们的开解和关怀常常使我脱离坏情绪的绑架。还有我的室友、学长学姐以及同学们,他们是我大学生活里的快乐源泉。有他们的陪伴,我过得很好,很幸福。

在我大学的时光里,每一个平凡而幸福的瞬间,以及那些真挚情谊的交织,构成了我想要分享的我个人的上大故事。故事仍在继续,在上大的土地上,我仍在不断前行,怀揣着亲朋好友的陪伴,不断寻找着我的人生价值。

秋叶之诗：上大逐梦繁星路

社区学院　周靖浩

>　秋叶如诗，书写着生命的旋律；
>
>　　　　　　　　——题记

"秋日凄凄，百卉俱腓。"在常人眼中秋天是寂寥的，是毫无生机的，在我看来则不然。在上大的秋天是充满活力朝气的，是洋溢着青春旋律的。正是在上大的这个秋季，我们从高中毕业，从全国各个地方来到了上大，开启了我们的新征程；正是在这个秋季，我与自己和解了，重新审视了自我，确立了目标；也正是在这个秋季，我收获了友谊、成长和提升。

周靖浩

初见

我在上大的秋天开始于寝室。

那是我与我这帮可爱舍友的第一次见面。之前在线上就已经加过好友，我知道我的舍友一个来自山东，一个来自贵州，还有一个来自西藏，而我是唯一的上海本地人。本来满怀激动地来到宿舍，与母亲刚一推开宿舍的门，却发现他们都不在。我打量着对床桌上整整齐齐摆放的书籍,脑中不自觉地浮想联翩:"这应该就是山东小胡的床吧,他铁定是一个爱看书的学霸呀!"脑中已经浮现出一个瘦瘦高高文质书生的形象。整理到一半,看到,砰的一声门开了,进来一个胖胖的同学。似乎也没料到我这么早就来了,他小脸一红,向我和我妈妈礼貌地问好,像极了犯错的小学生。我没想到他就是小胡。相处了一段时间后,我发现他和我想的截然相反,是个很直爽、不拘小节的人,而且没过多久他整齐的桌面也变得一团乱了。接着进来的是贵州的小陈,虽然他对于电子设备和互联网不太精通,但是他每次都能憋出一个笑话让我笑个不停。西藏的次巴很爱旅游拍照,他手机里有上万张照片,那天初见和我们分享了整整一个晚上。那天的天空,星光是那么得灿烂,四个第一次见面的人,融洽得像多年未见的老友,我的思绪久久无法平息,从上海飘到云贵,飘到西藏又飘向了那无尽的远处。这次初见是自我高中到现在,第一次如此开怀地展现自己对他人的好奇和自己的分享欲。它在我的记忆中烙下了深刻的痕迹,每每想到这次初见,想到舍友脸上洋溢的笑容,总觉得这可能是我人生中最宝贵的时刻。"人生若只如初见",我有种预感,这次初见的分量,在记忆中将会随着时间的推移变得更加沉重。

知音

在上大的初秋,我的情绪如落叶般纷飞。

上了大学之后认识了不少人,知音的相遇是在微积分课上。初见知音,他拿着一本厚厚的复旦大学竞赛题集正沉浸式思考,给我这个刚学微积分的小白一种不可接近的感觉。但在舍友的介绍下,他一下子人变得外向起来,自信地拍拍胸脯说可以叫他"李哥",有不会的题,尽管问。他就像小小的太阳,不仅在学习上专注无比,在生活中也是个很热情坦诚的人。

如果问起我秋季学期每天最开心的事情是什么,我会毫不犹豫地回答,和李哥每天一起在本部图书馆学习,学完和他一起夜跑,再一起去宏基广场吃夜宵。

在初步熟悉李哥这个人后,他主动开始约我去自习。在讨论的过程中,我也了解到他想要考复旦大学的插班生,所以从大一的第一天开始,他就在不断努力拼搏。他和我的境遇相似,都是高考因为一门科目的严重失误来到了上大。所以我们内心都有着些许不甘和委屈,他走上了考插班生的路,而我走上了卷学分绩点冲国外名校研究生的道路。就这样,在"交换情报"之后,我们成了志同道合的"学习战友"。

比起他在学习上的专注力,我觉得更加吸引我的是他的文学品位和素养。在秋季学期的每天晚上,我们夜跑时总会聊起自己喜欢看的书籍。他很喜欢作家王小波,他尤其喜欢两本——在群体中反思个体的《一只特立独行的猪》和讲王小波与自己爱人故事的《爱你就像爱自己》。他说,王小波是一个喜欢用文字表达对不公的抵抗,用理性抵抗世界苍白的作家,还记得他和我分享了书中那句充满黑色幽默的话:"但老乡们就不那么浪漫,他们说,这猪不正经。"笑得我们跑步差点岔气。他还喜欢看路遥、林奕含等作家的作品。他的文学阅读充满着一种乡土气息。而我比较喜欢科幻,我和他介绍了三体的故事,介绍了它宏大的世界观,以及我认为的作品中最脑洞大开的十个设定,他也听得津津有味,时不时地发出非常激动的感叹。不了解我们的人可能会觉得这俩读的书完全不是一类啊,怎么会是知音呢?但我想说,虽然我们以前读的书可谓是毫无交集,但在每天这短短的半小时夜跑中,在那漫天夜星的包围下,我们的的确确地闯入了对方的心灵世界,这是一种极其奇妙的感觉,让我们在跑步时急剧加速的心跳产生了强烈的共鸣。

骑行

上大深秋枯黄落叶的深沉意蕴与音乐最为相配。

秋季学期考试周前,我和大学通识课认识的新朋友一起骑车的时光,是我这周内认为最有意义、最开心和最温暖的经历。本来只是出于功利的目的,去刷校园跑步数,但是在骑车绕圈的过程中,我们一遍遍地路过风雨操场前的校园广播,广播里放了《消失的她》的主题曲《笼》《爱乐之城》的插曲还有R&B歌手余佳运的歌,每次路过我和他总能有不同的感受,顺势互相聊起了各自的听歌品味,我喜欢余佳运和 The weekend,他喜欢 Victone、宋冬野。和与李哥分享交流书籍时很像,明明是完全不同的听歌品位,在各自分享的时候,我和他总能体会到对方听喜欢的歌的时候的感觉,好自由,好开心。而校园广播作为一种传统的校园文化传播方式,给我们带来了一种复古的韵味。好惬意,让我似乎完全忘记了骑车时候的寒冷,忘记了天空已经逐渐下起了小雨,忘记了这个世界上的其他人,仿佛整个世界只有我和他。虽然时间短暂,我又要去上课了,但这短短的三十分钟却成了我这几周中最有意义的时光。临近考试周了,大家总被学习的压力所包围,上大的短学期制,让我们从第三周就开始备战考试了。但生活需要我们出去闯,就算是备战考试也不要忽略过程中可能遇见的美好,这是远比成绩更为重要的人生财富。我认为生活的情趣是人的灵魂不可或缺的重要部分。在这次短暂的骑行中我收获的正是沉浸式的放松,让我对于未来的美好生活更加憧憬,有了奋斗的动力。

    啊——上大秋天里发生了这么多故事,
    啊——上大秋叶之诗竟是如此充满活力和朝气,
    啊——在上大我的逐梦路上原来一直有繁星相伴!

后　记

2023年秋，上海大学招生就业处（时为招生与毕业生就业工作办公室）正式启动《把上大说给你听（二）》的征稿工作。该书是上海大学校园文化建设品牌——"我为上大代言"宣讲实践活动的成果之一。2016年以来，招就处以此为平台和契机，充分动员在校学生以自身求学经历为基础，讲述上大故事、展现上大精神、传递青春能量。《把上大说给你听》既是这些生动故事的结集，也是招生育人工作的一个创新性尝试。之前第一辑成功出版，积累了部分工作经验和信心，两年后，我们期待能够续写这一缘分和情怀。

《史记》载孔夫子弟子三千，贤者七十二。本书的七十二篇作品大多是从临泮学子的众多投稿中精选而来，也特邀在招生宣传工作中颇有心得的教师代表和老校友，诉说相关经验与体悟。我们从校情校史、师生风谊和个人成长三个维度，尽量选取主题鲜明、风格多样、文字清通的篇目，为更多渴望了解上海大学的各界人士打开一架留声机，把上大人的"故事会""知心话"和"交响乐"一一呈现，如在耳边。

本书编撰过程中，招生就业处陆瑾处长全程给予关注和指导，卢欣、叶亮、刘慧宽、童言明等老师及吴筱漪同学负责稿件的征集、评审和结集工作。本书的征稿工作得到文学院领导和相关教师的大力支持，特别是刘慧宽等老师斯时正讲授"大学阅读与写作"冬季课程，各班同学学以致用、热情参与了。此外，上大文学院创意写作团队汪雨萌、谢尚发两位老师及施岳宏同学、邓冰冰同学，或举办讲座、或策划指导、或撰写人物访谈记录，为组稿工作提供源源不断的助力。上海大学出版社的各位老师辛勤审校，精心编辑，使得本书得以高效完成、亮丽呈现。师生永远是学校最为宝贵的财富，本书的编撰工作汇聚了来自学校多部门的合力，这些部门的鼎力相助与密切配合充分体现了学校对招生育人工作的重视与支持，本书也是所有参与者和全体上大人的共同结晶。

2024春季学期即将结束，在"阴阴夏木啭黄鹂"的氛围中，我们即将迎来纪念上海大学建校120周年、庆祝上海大学新合并组建30周年的重要时间点，本书也是向学校致敬和献礼之作，祝愿我们的上海大学桃李满园、名扬四海，在欣欣向荣的新时代自强不息、道济天下。

本书编写组

2024年5月13日